AF586123

Reseñas de El enfoque de la conducta verbal

"Este libro ayudará a los padres, educadores y otros profesionales a utilizar estas técnicas con niños con autismo. Es un libro imprescindible para cualquiera que conozca o enseñe a un niño diagnosticado con trastorno del espectro autista".

Dra. Kimberly Barnes, logopeda

"He dado clases de conducta verbal durante 25 años. Cómo me gustaría haber tenido este libro durante ese tiempo. Habría hecho mi enseñanza mucho más eficaz".

Dr. John O. Cooper, profesor emérito de educación, Ohio State University

"Con explicaciones y ejemplos claros y concisos, historias sentidas y recursos utilísimos desgranados a lo largo del libro, Mary nos aporta una fiel descripción de la enseñanza de la conducta verbal. Todos los padres de un niño recién diagnosticado deberían tener un ejemplar de este libro".

Holly Kibbe, BCBA, Establishing Operations, Inc.

"Un recorrido sucinto e inteligible a lo largo de la intervención conductual para niños diagnosticados con autismo con o sin repertorio verbal. *El enfoque de la conducta verbal* se apoya en el trabajo pionero de B. F. Skinner sobre el lenguaje y opera bajo la convicción de que el lenguaje expresivo es conductual y no puramente cognitivo. Barbera suaviza el lenguaje arcano de Skinner y lo hace, no sólo claro, sino convincente".

Reseña en Kirkus Reports

"¡*El enfoque de la conducta verbal* es un libro maravilloso! El libro es de fácil lectura y proporciona información clara y práctica que tanto familias como profesionales pueden utilizar eficazmente".

Traci Lunkett, madre de un niño con autismo

"A partir del análisis de la conducta verbal de B. F. Skinner, este enfoque enseña el lenguaje a través de sus funciones, que Mary explica con ejemplos en un lenguaje accesible. El libro está escrito desde la perspectiva tanto de un padre como de un profesional. Este libro resultará será de gran valor a lectores muy diversos".

Catherine B. Doran, logopeda

"Recomiendo encarecidamente el libro de Mary. ¡Es excelente! Pese a su brevedad y fácil lectura cubre todo lo importante. Lo recomiendo a todos los padres y profesionales con los que estoy en contacto".

Sharon Zamrin, BCBA

"*El enfoque de la conducta verbal* sirve de guía práctica y completa sobre la aplicación del análisis de la conducta verbal en niños con diagnóstico de autismo. La información que se proporciona en este texto es completa, concisa y práctica".

Reseña del libro en International Journal of Behavioral and Consultation Therapy

"Un libro asombroso que combina instrucciones detalladas dirigidas a padres que se encuentren a las puertas de una intervención dirigida a la mejora de la conducta verbal. Además, el libro les brinda apoyo emocional para que sepan que no están solos".

Trish Cuce, madre de una niña con autismo

"*El enfoque de la conducta verbal* proporciona información y recursos útiles para su aplicación inmediata, cumpliendo el objetivo principal del libro: facilitar la rápida aplicación de un programa ABA".

Reseña del libro en The Behavior Analyst Today

"Como madre dedicada y atenta, Mary ha demostrado su compromiso con todos los niños con autismo al escribir un libro tan reflexivo y útil".

Dr. Rick Kubina, BCBA-D, Penn State University

"Una guía fácil de seguir y que funciona. *El enfoque de la conducta verbal* motiva y crea en nosotros el deseo de aprender".

Kathleen Ricca, madre de un niño de tres años con autismo

"*El enfoque de la conducta verbal* es una excelente fuente de información sobre el análisis aplicado de conducta y la conducta verbal. Hay innumerables sugerencias útiles y bien fundamentadas para los padres que estén interesados en utilizar este enfoque con sus hijos".

Dra. Mary Jane Weiss, BCBA-D

"Este libro logra muchas cosas que pocas obras de este tipo consiguen: combina investigación sólida con ejemplos concretos, es accesible tanto para el experto como para el novato, y llega al corazón sin sacrificar la profesionalidad".

Dra. Anne A. Skleder, Cabrini College

Mary Lynch Barbera
con Tracy Rasmussen

el Enfoque de la conducta verbal

Cómo enseñar a niños con autismo y trastornos relacionados

Edición y traducción
Aida Tarifa Rodríguez
Javier Virués Ortega

© 2022 ABA España, todos los derechos reservados.

Queda terminantemente prohibida la reimpresión, reproducción o difusión de cualquier parte de esta obra y por cualquier medio incluyendo sistemas de reproducción electrónicos, mecánicos o de otro tipo, ahora conocidos o inventados en el futuro, incluidos fotocopiado y grabación, o cualquier sistema de almacenamiento o recuperación de información, sin permiso por escrito de ABA España. Queda terminantemente prohibida la difusión de cualquier parte de esta obra a través de redes sociales de internet y de sistemas de difusión de contenidos incluyendo, sin afán de exhaustividad, Dropbox, Facebook, Facebook Groups, Google Drive, Mega, Sci-Hub, Scribd, Z-Library, entre otros. Consultas relativas a permisos deben dirigirse a ABA España en master@aba-elearning.com ABA España Publicaciones y ABA España Clásicos son marcas derivadas propiedad de ABA España.

El enfoque de la conducta verbal: Cómo enseñar a niños con autismo y trastornos relacionados es la edición en español de *The Verbal Behavior Approach: How to Teach Children with Autism and Related Disorders* de Mary Lynch Barbera y Tracy Rasmussen, International Standard Book Number 978-1-84310-852-8, Copyright © 2007 Jessica Kingsley Publishers, 116 Pentonville Rd London N1 9JB, Reino Unido, y 400 Market St, Suite 400, Philadelphia, PA 19106, EEUU.

La presente edición ha sido autorizada por el propietario de los derechos editoriales mediante acuerdo de derechos de edición en español a favor de ABA España como entidad cesionaria.

Los nombres de productos o empresas usados en esta obra que puedan ser marcas comerciales o marcas registradas, y en especial los de *Behavior Analyst Certification Board, Qualified Applied Behavior Analysis, International Behavior Analysis Organization* y *Behavioral Intervention Certification Council*, se utilizan solo con fines de identificación y explicación sin afán de infringir norma alguna.

Edición y traducción: Aida Tarifa Rodríguez, Javier Virués Ortega
Maquetación: Bogdan Matei, Javier Virués Ortega

Cita de esta obra

Barbera, M. L., y Rasmussen, T. (2022). *El enfoque de la conducta verbal: Cómo enseñar a niños con autismo y trastornos relacionados* (A. Tarifa Rodríguez y J. Virués Ortega, eds. y trads.). ABA España. https://doi.org/10.26741/978-84-09-38811-0 (Original publicado en 2007)

ABA España es una organización dedicada a la difusión, enseñanza e investigación del análisis aplicado de conducta en el mundo de habla hispana con iniciativas educativas, editoriales, tecnológicas y científicas, visítanos en aba-elearning.com

ISBN-13 978-84-09-34753-7 (Edición en rústica)
https://doi.org/10.26741/978-84-09-38811-0
Año de publicación: 2022
Colección Autismo

Dedico este libro a mis hijos, Lucas y Spencer.

A Lucas, que me ha enseñado a amar incondicionalmente, a tener esperanza sin atarme a expectativas, a apreciar los pequeños pasos en el camino.

Y a Spencer, que es un hermano maravilloso para Lucas, además de ser el niño más sensible, cariñoso y divertido del mundo.

Agradecimientos

En primer lugar, quiero dar las gracias a mi marido, Charles, y a mi hijo, Spencer, por su amor y su apoyo mientras seguimos avanzando en nuestro viaje con el autismo. Gracias por permitirme seguir mi pasión de ayudar a Lucas y a tantos otros niños con el mismo diagnóstico. Y gracias por querer y cuidar a Lucas tanto como yo.

También quiero dar las gracias a Tracy Rasmussen por ayudarme a escribir este libro. Conocí a Tracy hace cinco años, cuando nos visitó en su capacidad de periodista del periódico local para escribir un artículo sobre el autismo. Fue Tracy la primera en animarme a que escribiera un libro y aceptó ayudarme. Sin su amable orientación y su excelente capacidad para tomar mis ideas y ayudarme a escribirlas con claridad, este libro nunca se habría escrito. Así pues, ¡gracias Tracy por tu apoyo y tu ánimo, y por ayudarme a publicar este libro!

También me gustaría reconocer y agradecer a los cientos de profesionales que me han enseñado todo lo que sé sobre el autismo, el análisis aplicado de conducta y la conducta verbal. También me gustaría dar las gracias al Dr. Mark Sundberg, al Dr. Vincent Carbone, al Dr. Rick Kubina, al Dr. James Coplan, a la Dra. Amiris Dipuglia, a Marie Lynch, a Kathy Henry, a Teresa Kwitkowski, a Jill Mahon, a Wendy Yourkavitch, a Carole DeInnocentiis, a Lisa DiMona y a Holly Kibbe por haber leído los borradores de este manuscrito y aportarme valiosos comentarios sobre cómo mejorarlo.

Y, por último, me gustaría reconocer y dar las gracias a mi hijo, Lucas, por permitirme hacer de él el centro de mi aprendizaje. Eres un niño increíble, valiente y hermoso que ha llegado a la vida de muchas personas. Te quiero desde el fondo de mi corazón.

Contenido

Tablas

Prólogo

Mary Barbera ha escrito un libro excepcionalmente claro y práctico para padres y profesionales que se enfrentan a los retos diarios de la enseñanza del lenguaje en niños con diagnóstico del trastorno del espectro autista u otras necesidades educativas especiales. Su libro tiene un sólido fundamento conceptual y empírico apoyado en los principios del aprendizaje y la conducta identificados inicialmente por B. F. Skinner. Estos principios constituyen el núcleo de las conocidas estrategias de intervención de la enseñanza de ensayos discretos (DTT por sus siglas en inglés) y el análisis aplicado de conducta (ABA, por sus siglas en inglés) de las que fue pionero Ivar Lovaas. Los enfoques conductuales han tenido tanto éxito que en 1999 la oficina del *Surgeon General*, una de las principales autoridades sanitarias en EEUU, concluyó que ABA era la intervención de elección para la enseñanza a niños diagnosticados con autismo (Rosenwasser y Axelrod, 2001).

Skinner estudió ampliamente el lenguaje, lo que cristalizo en 1957 con la publicación de *Conducta verbal.* Dijo muchas veces que creía que este libro sería su obra más importante (p.ej., Skinner, 1978). En *Conducta verbal,* Skinner proporcionó una formulación conductual del lenguaje. El libro destaca ya que el lenguaje es el aspecto más significativo de la conducta humana. El lenguaje nos permite comunicarnos entre nosotros, expresar nuestros sentimientos, dar a conocer nuestras necesidades, formar relaciones significativas, responder a lo que dicen los demás y comprender mejor el mundo que nos rodea. El lenguaje también constituye la base de la educación, el conocimiento, la inteligencia, el pensamiento y la conducta social. En resumen, el lenguaje es la piedra angular de la conducta humana. No debe sorprender, pues, que si un niño no adquiere el lenguaje en la forma habitual, se enfrente a graves dificultades, tanto en su desarrollo, como a nivel social.

Los retrasos y trastornos del lenguaje constituyen el sello distintivo del autismo. Éstos repercuten directamente en otras habilidades importantes, como la conducta social y el funcionamiento en el ámbito escolar. Por tanto, el aspecto más importante de cualquier programa de intervención para un niño con autismo es el desarrollo temprano de habilidades comunicativas eficaces. Sin embargo, para los padres que tienen un hijo recién diagnosticado, la gran variedad de opciones de tratamiento y opiniones profesionales sobre la intervención en el lenguaje suelen ser abrumadoras.

Saber qué método o enfoque podría funcionar para un niño concreto es difícil de determinar para los padres, y a menudo esta confusión les hace perder un tiempo valioso. El análisis de conducta en general, y el análisis de conducta verbal de Skinner en particular, ha disminuido este problema al proporcionar a los profesionales y a los padres una metodología sólida para la evaluación e intervención en el lenguaje que cuenta con el respaldo de décadas de investigación empírica. Mary representa a un número creciente de padres y profesionales que han descubierto el valor y el poder del análisis de conducta y del análisis de conducta verbal de Skinner como guía para el tratamiento diario de los niños con autismo.

Los componentes básicos de la aplicación del análisis de conducta verbal de Skinner o el "enfoque de la conducta verbal" se desarrollaron en Western Michigan University en la década de 1970, bajo la dirección del Dr. Jack Michael. Sin embargo, el lenguaje es complejo, y las primeras versiones de los programas de evaluación e intervención de la conducta verbal no estaban diseñados para padres, sino para profesionales formados formalmente en el análisis de conducta. A lo largo de los últimos 25 años hemos intentado que el material sea más digerible. No obstante, este ejercicio es difícil para quienes tenemos el argot conductual profundamente arraigado y confiamos ampliamente en las herramientas conceptuales del análisis de conducta para analizar y tratar la conducta humana compleja.

Aunque los principios y procedimientos básicos descritos en el libro de Mary no son nuevos, lo que aporta al lector son explicaciones más claras, ejemplos de la vida real y una guía fácil de usar a través de las complejidades de este programa de intervención del lenguaje para niños con autismo. Al leer el libro, los padres y los profesionales podrán aplicar inmediatamente este enfoque respaldado por análisis de conducta. La perspectiva única de Mary como madre de un niño con autismo permite a los lectores una visión de los muchos obstáculos a los que se enfrentan los padres que educan a un niño con autismo, y que se abren camino a través de un laberinto de "curas milagrosas" y estrategias de intervención. Mary es enfermera titulada y su marido es médico. Cuando conocieron el análisis de conducta y sus posibilidades de ayudar a su hijo Lucas, lo encontraron tan valioso que Mary se dedicó a ayudar a otras familias a aprender estos métodos. Se convirtió en analista de conducta certificada (BCBA), publicó una investigación empírica sobre el enfoque de la conducta verbal y ahora publica este libro que expone claramente los fundamentos del programa de intervención en la conducta verbal.

Los procedimientos de enseñanza, presentados paso a paso, y los ejemplos detallados de Mary constituirán una importante contribución al material existente sobre el análisis aplicado de conducta y a la intervención en retrasos y trastornos del lenguaje infantil. Su libro es fácil de leer y presenta un material complejo de forma convincente. Este libro tendrá un enorme impacto en muchísimos niños con diagnóstico de autismo.

Dr. Mark L. Sundberg, BCBA
Sundberg and Associates, Concord,
California, Estados Unidos

Referencias

Rosenwasser, B. y Axelrod, S. (2001) The contributions of applied behavior analysis to the education of people with autism. *Behavior Modification, 25*, 671-677.

Skinner, B. F. (2022) *Conducta verbal.* ABA España. (Original publicado en 1957).

Skinner, B. F. (1978). *Reflections on Behaviorism and Society.* Prentice Hall.

Introducción

Era una enfermera titulada con más de una década de experiencia, pero cuando mi marido, que es médico, mencionó por primera vez la posibilidad de que mi hijo Lucas, que entonces tenía 21 meses, pudiera tener autismo, me sentí tan desconcertada y enfadada como cualquier madre en mi situación. Para ser sincera, tenía muy poca experiencia con el autismo. Nunca se me pasó por la cabeza que mi hijo mayor fuese algo menos que perfecto. Entonces, ¿qué le hizo pensar a mi marido que mi hijo era autista?

Señaló que Lucas quería ver demasiado la televisión y no jugaba con los juguetes, y que, a veces, Lucas parecía estar en su propio mundo. En aquel momento, no estaba dispuesta a considerar esa posibilidad. Argumenté que Lucas tenía lenguaje, una buena decena de palabras, lo que no era tan inusual para un niño menor de dos años, y que era un bebé cariñoso y mimoso.

No parecía que tuviera autismo, ya que no se ajustaba a la imagen que yo tenía en mi mente de cómo debía ser el autismo. No se golpeaba la cabeza. No se balanceaba. No hacía nada que yo considerase autismo.

Ese día le dije a mi marido que estaba loco si creía que nuestro hijo tenía autismo. Le dije que Lucas no tenía autismo y que no quería volver a oír la palabra "autismo". Ignoraba entonces que poco más de un año después el autismo y sus diversos tratamientos empezarían a apoderarse de mi vida.

Poco después de que mi marido utilizara la palabra tabú, tuve que admitir a regañadientes que no sabía realmente cómo era el autismo en un bebé. Tuve que decirme a mí misma que, como médico, mi marido podría tener más capacidad que yo para calibrar las conductas de Lucas con respecto a otros niños de su edad.

Así que el comentario de mi marido sembró una semilla cuando empecé a observar detenidamente a Lucas interactuar (o no interactuar) con el mundo que le rodeaba. Pensaba en el autismo cada vez que Lucas hacía algo extraño. Si cogía los juguetes y los movía metódicamente de una cesta a otra, pensaba, "tal vez...".

Si jugaba con un trozo de cuerda que colgaba de una silla durante más de unos segundos me preocupaba. "Autismo, autismo, autismo...". La palabra daba vueltas en mi cabeza sólo para ser explicada por mi deseo de tener un niño de desarrollo típico, no un niño con autismo. Pero, Lucas sí tenía autismo. Y el hecho de que yo escondiera la cabeza bajo tierra y lo negara no ayudaba a Lucas a mejorar.

De hecho, le hizo empeorar. Lucas se retrasaba cada vez más con respecto a sus compañeros en el lenguaje, hasta que era innegable que no estaba al día. A los dos años y medio, los otros niños de su centro de preescolar salían corriendo hacia sus padres y les preguntaban si podían ir a casa de un amigo, hablando con frases completas y animadas. Los compañeros de Lucas hablaban con frases y desarrollaban relaciones con otros niños, mientras que mi objetivo en aquel momento era enseñar a Lucas a decir la palabra "pelota". En ese momento, empecé a darme cuenta de que no tenía más remedio que salir de la negación y entrar en la realidad de la vida de mi hijo. A partir de ese momento, fui además de madre, su maestra y principal defensora.

La importancia del diagnóstico y tratamiento tempranos

Una vez que salí de la negación, pasaron varios meses antes de que se obtuviera un diagnóstico y se pudiera iniciar el tratamiento. En retrospectiva, fueron meses preciosos de aprendizaje perdidos por la lentitud del protocolo del sistema de diagnóstico del autismo. Hoy en día no es inaudito que algunos niños reciban el diagnóstico de autismo a los 18 meses o a los dos años de edad, pero a mediados y finales de los años 90, muy pocos especialistas estaban dispuestos o eran capaces de diagnosticar a un niño menor de tres años. Todas las investigaciones realizadas en los últimos años apoyan la creencia anterior de que los niños que reciben un diagnóstico precoz y una intervención temprana e intensiva progresan mejor a largo plazo.

Incluso hoy, con las investigaciones que demuestran que la detección e intervención temprana son fundamentales, la mayoría de los niños siguen recibiendo el diagnóstico mucho más tarde de los dos años, sobre todo porque los pediatras y los padres siguen sin conocer los primeros signos de advertencia del autismo (véase www.firstsigns.org para conocer los hitos típicos y las señales de alarma del autismo). Para complicar las cosas, los especialistas que están cualificados y se sienten cómodos al diagnosticar a un niño pequeño suelen tener listas de espera de un año o más.

Si Lucas hubiera sido diagnosticado y tratado antes, los avances que ha hecho en los últimos siete años se habrían acelerado y yo me habría enterado antes de los mejores tratamientos, aplicándolos más rápidamente.

Pero gran parte de la investigación y los materiales han salido a la luz sólo en los últimos años, y entre ellos se encuentra el importante trabajo de la Dra. Catherine Lord y la Dra. Rebecca Landa para discernir las cualidades de la detección precoz. El libro de Nancy Wiseman, *¿Podría ser autismo?*

Una guía para padres[1], publicado en 2007, ayudó a poner en manos de los padres información importante.

Así que, en lugar de ser diagnosticado e ingresado en terapia cuando tenía 21 meses de edad, Lucas obtuvo finalmente su diagnóstico y comenzó el tratamiento en 1999, cuando tenía tres años y tres meses.

Y ahí empezó mi búsqueda decidida de la mejor terapia posible para mi hijo y cómo llegué a comprender el enfoque de la conducta verbal y, finalmente, ejercer como profesional utilizando este enfoque.

De padre a padre, de profesional a profesional

A finales de los 90 logré descubrir que había cierta información disponible sobre diferentes intervenciones para el autismo, pero no sabía por dónde empezar. Me convertí en la madre "entusiasta" que se sentaba en la primera fila de todas las conferencias que podía incluir en mi agenda. Empecé a leer todos los libros que podía sobre el tema y me apoyé en los conocimientos de los padres que me habían precedido para ayudar a mi hijo.

Descubrí que estaba aprendiendo tanto que quería ayudar a otros. Me convertí en la presidenta y fundadora de la asociación de autismo del Condado de Berks en Pennsylvania en 2000; los padres acudían a mí en busca de ayuda y apoyo continuamente. No quería dejar a un solo padre en la oscuridad sobre el camino a seguir o los diferentes tipos de tratamiento. Para mí, la mejor manera de ayudar a Lucas y a otros era formarme. En 2003, me convertí en analista de conducta certificada (BCBA) y empecé a trabajar en el campo del autismo, concretamente desde el enfoque de la conducta verbal. Como analista de conducta principal del *Proyecto de conducta verbal de Pennsylvania* desde 2003, he formado a cientos de personas y he tenido el privilegio de trabajar con muchos niños diagnosticados con trastorno del espectro autista, así como con algunos alumnos con síndrome de Down y otros trastornos del desarrollo.

Los padres se acercan a mí con frecuencia y me hacen una sencilla pregunta: ¿Por dónde empezamos? Me dicen que su hijo se está quedando cada vez más atrás. Tiene rabietas, no tiene lenguaje, se obsesiona con diferentes cosas. Como yo hace siete años, no saben por dónde empezar.

Así que he ideado una forma sencilla de que empiecen. Este libro ofrece una versión simplificada de algunos tratamientos que son complejos y que creo que tanto, padres como profesionales, necesitan conocer. Te daré la información que doy a los padres y a los profesionales todos los días, la misma información que daría a mi hermana o a mi mejor amigo si

1 N. del E.: *Could It Be Autism? A Parent's Guide to First Signs and Next Steps*, publicado por Harmony en 2007. No existe edición en español.

tuvieran un hijo recién diagnosticado de autismo o de algún otro trastorno relacionado con el lenguaje. Te guiaré a través de la información que necesitas y te daré mi punto de vista, no sólo como padre sino también como profesional.

Este libro ofrecerá una explicación sencilla de cómo utilizar los principios del análisis aplicado de conducta y el enfoque de la conducta verbal para ayudar a los niños con un sinfín de problemas, como el autismo, el síndrome de Down, los trastornos del desarrollo o incluso los simples retrasos del lenguaje. Los doctores Drash y Tudor también han realizado recientemente algunos estudios preliminares que sugieren que el enfoque de la conducta verbal podría incluso evitar el autismo en bebés y niños pequeños de riesgo (Drash y Tudor, 2006).

Utilizar el enfoque de la conducta verbal se ha convertido en mi respuesta cuando los padres me preguntan: "¿Por dónde empezamos?".

Este libro responderá a esa pregunta con instrucciones sencillas y claras.

Todo lo que hay en este libro se ha recopilado a partir de la información que he aprendido en el camino de profesionales reconocidos internacionalmente, como el Dr. Jack Michael, el Dr. Mark Sundberg, el Dr. Vincent Carbone, la Sra. Holly Kibbe, el Dr. Brian Iwata, el Dr. Glen Latham, el Dr. Ivar Lovaas, el Dr. Richard Foxx, la Dra. Bridget Taylor, el Sr. Michael Miklos y el Dr. Rick Kubina, entre muchos otros. También he aprendido mucho de mis colegas y de los padres de otros niños del espectro, mientras nos complicábamos con los casos y tratábamos de encontrar la manera de ayudar a cada estudiante. Sin embargo, probablemente de quien más he aprendido es de mi hijo, que sigue enseñándome todos los días.

CAPÍTULO 1

ABA, primeros pasos

La intervención de Lucas fue inicialmente un tipo de análisis aplicado de conducta (ABA) basado en el trabajo del Dr. Ivar Lovaas. En 1999, la mayoría de los padres (incluida yo) estaban tan impresionados con los dos libros de Catherine Maurice, *Let Me Hear Your Voice* (Maurice, 1993) y *Behavioral Intervention for Young Children with Autism* (Maurice, Green y Luce, 1996), que casi todos los que "hacían ABA" utilizaban un enfoque de Lovaas.

En 1987, el Dr. Lovaas estudió a un grupo de 59 niños con autismo, examinando las estrategias de enseñanza que eran mejor para ellos. Descubrió que el grupo de 19 niños que recibía 40 horas semanales de intervención ABA individual tenía los mejores resultados. De ese grupo, casi la mitad (el 47%) no presentaban diferencias apreciables respecto a sus compañeros de desarrollo típico. Este estudio fue el primero en dar a los padres de niños recién diagnosticados algo de esperanza y orientación.

Un estudio de seguimiento realizado por Lovaas y dos colegas, publicado en 1993 (McEachin, Smith y Lovaas, 1993), indicaba que los niños con "mejores resultados" del estudio original mantenían sus capacidades a los 13 años. Estos niños seguían siendo indiferenciables en las aulas de educación ordinaria sin necesidad de un maestro de apoyo u otros servicios de educación especial. Tras leer sobre los estudios de Lovaas, decidí que ABA nos daría la mejor oportunidad de ayudar a Lucas. Para mí, era importante encontrar el mejor tratamiento para mi hijo, igual que lo habría hecho si hubiera tenido una enfermedad física como la leucemia. Sabía que, aunque las posibilidades de curación fueran escasas, quería la terapia que diera a Lucas las mejores probabilidades de tener una vida normal.

Pero la investigación sobre ABA es mucho más profunda que el estudio de Lovaas. Se han publicado cientos de estudios que los procedimientos ABA para enseñar a los niños con diagnóstico de autismo. De hecho, en términos de terapias basadas en la evidencia, ningún otro tratamiento se acerca a las tasas de éxito de ABA en relación al autismo. En 1998, Jacobson, Mulick y Green también publicaron los resultados de un estudio que demostraba que el modelo Lovaas de ABA era además rentable a largo plazo, aunque su aplicación a corto plazo fuera muy costosa. Los estudios demostraron que si las técnicas de enseñanza se utilizaban intensamente durante los años de formación, menos niños requerían servicios de apoyo durante la adolescencia y edad adulta.

Por desgracia, los niños con autismo no siempre reciben el mejor tratamiento. La profesión médica puede diagnosticar a estos niños un trastorno médico, pero el tratamiento para el autismo suele estar a cargo de profesionales de la educación que tienen sus propias ideas sobre lo que es rentable y apropiado, aunque no se haya demostrado que sea lo más eficaz. Eso es lo que le ocurrió a Lucas. En Estados Unidos, los niños con diagnóstico de autismo tienen derecho a una "educación pública gratuita y adecuada[2]". Usando un símil automovilístico, alguien me había explicado al principio que Lucas no tenía derecho a servicios tipo "Roll Royce", sino solo a servicios equivalentes a un "utilitario".

Cuarenta horas semanales de terapia ABA individual para un niño de tres años es muy caro, y muchas instituciones educativas preferirían no gastar ese dinero cuando otras terapias (logopedia, terapia ocupacional, programas preescolares de educación especial ecléctica) también son consideradas "apropiadas" por algunos.

El futuro de mi hijo estaba en juego y me dijeron que eliminara la palabra "mejor" de mi vocabulario, al menos delante de los profesionales de la educación.

Lo que sí quería era dar a Lucas la mejor oportunidad posible iniciando un programa ABA, así que tres terapeutas comenzaron a trabajar con Lucas y una vez al mes venía un consultor de un centro de replicación de Lovaas para formarnos a los terapeutas y a mí.

Gracias a esa decisión, Lucas progresó. Yo también progresé, descubriendo que mi hijo podía progresar aun más con otro tipo de enfoque basado en ABA. Este libro trata de ese otro enfoque: *El enfoque de la conducta verbal.*

El enfoque de la conducta verbal

El enfoque de la conducta verbal o simplemente conducta verbal (VB, por sus siglas en inglés[3]) se basa en toda la investigación de ABA y a la vez se centra en mejorar la capacidad del niño para aprender lenguaje funcional.

---

2 N. del E.: *Free Appropriate Public Education*, en inglés, en el original.

3 N. del E.: Las abreviaturas ABA-VB y ABA-Lovaas se refieren al enfoque de la conducta verbal y la programación según el modelo Lovaas, respectivamente.

El enfoque de la conducta verbal amplía el análisis aplicado de conducta permitiendo la enseñanza de todas las habilidades, incluyendo sobre todo las del lenguaje, a niños con diagnóstico de autismo y otros trastornos relacionados. El lenguaje se trata como una conducta que puede moldearse y reforzarse, al tiempo que se presta una cuidadosa atención no sólo a lo que el niño dice, sino a por qué utiliza el lenguaje.

Aunque es relativamente nuevo en el campo de ABA, el enfoque de la conducta verbal se basa en las enseñanzas de ABA, pero las amplía para incluir el análisis de B. F. Skinner de estos conceptos en su libro *Conducta verbal* (Skinner, 1957/2022).

Conducta verbal es un libro complejo, lo que probablemente sea en parte la razón por la que se ignoró, en gran medida, durante décadas. Hasta que el Dr. Jack Michael y su estudiante de doctorado Mark Sundberg, de la Universidad de Western Michigan (WMU), no empezaron a aplicar los conceptos de *Conducta verbal* para enseñar el lenguaje a niños con diversas discapacidades, nadie se fijó en las intervenciones que podían derivarse de *Conducta verbal.*

Los primeros borradores de las evaluaciones de conducta verbal se crearon y probaron a finales de los años 70 en la WMU, con mucha influencia también del Dr. Joe Spradlin de la Universidad de Kansas. La tesis doctoral de Mark Sundberg, titulada "Desarrollo de un repertorio de conducta verbal utilizando el lenguaje de signos y el análisis de conducta verbal de Skinner", se publicó en 1980, casi dos décadas antes de que el enfoque de la conducta verbal se utilizara de forma habitual con niños con autismo.

No fue hasta 1998, con la publicación de la colección de tres libros de los doctores Sundberg y Partington, cuando los padres de niños con autismo se interesaron por el enfoque de la conducta verbal. El libro principal fue *Teaching Language to Children with Autism or Other Developmental Disabilities* de 1998 (Enseñanza del lenguaje a niños con autismo y otros trastornos del desarrollo), pero el libro más popular del trío fue *Assessment of Basic Language and Learning Skills* (Evaluación de las habilidades básicas del lenguaje y el aprendizaje), más conocido como ABLLS[4]. El ABLLS puede utilizarse como plan de estudios, como evaluación y como formulario de registro de habilidades y consiste en una serie de puntos que deben ser contestados por un adulto que esté muy familiarizado con el niño. La evaluación inicial con el ABLLS puede durar de tres a cuatro horas. Una vez que termines de evaluar en qué punto se encuentra tu hijo con varias habilidades, tendrás que averiguar qué hacer al respecto.

4 N. del E: ABBLS ha sido publicado en español por Behavior Analysts, Inc. en 2007.

El ABLLS es una gran herramienta para un consultor con formación en conducta verbal, pero para un padre sin ninguna experiencia en ABA, puede ser abrumador. Aunque hubo y sigue habiendo mucho interés de los padres por el ABLLS, los formularios de evaluación pueden resultar algo desalentadores para la mayoría de los padres o profesionales. Varios padres me han devuelto el ABLLS sin completarlo, diciendo que no sabían cómo utilizarlo. A principios del año 2000, un número suficiente de personas se había percatado de este nuevo enfoque, y sus sorprendentes resultados empezaron a circular.

Los padres de niños con autismo viajaban miles de kilómetros para escuchar conferencias sobre conducta verbal impartidas por expertos como los doctores Carbone, Sundberg y Partington. Después de asistir a los talleres y ver vídeos de niños que conseguían grandes logros con el enfoque de la conducta verbal, estos padres volvían a sus casas entusiasmados y fortalecidos. Compraban el ABLLS y comenzaban el proceso de aprender a enseñar a sus hijos. La popularidad del ABLLS y de este nuevo enfoque entre los padres provocó un cambio bastante significativo en muchos programas, que se alejaron de la enseñanza de ensayos discretos o del enfoque de Lovaas y se interesaron por la conducta verbal. Creo que esto se debió al poder de presentar esta información y mostrar vídeos de niños que hacían progresos directamente a los padres, que estaban muy motivados para descubrir la forma mejor y más rápida de ayudar a sus hijos.

Con la enseñanza de ensayos discretos, el terapeuta presenta una demanda, obtiene una respuesta y luego da una consecuencia. El instructor puede decir: "Toca la nariz", entonces, si el niño se toca la nariz se le recompensa con una galleta salada (o algún otro objeto deseado). La conducta verbal se basa en los mismos principios de antecedentes, respuestas y consecuencias, pero el enfoque es diferente.

Al escribir sus libros, los esfuerzos de Partington y Sundberg por desglosar el libro *Conducta verbal* en una terminología más común y con aplicaciones más sencillas ayudaron, pero los padres seguían confundidos.

Dos de las mayores ideas erróneas sobre el enfoque de la conducta verbal son que sólo es útil para los niños que no hablan y, a la inversa, que sólo es útil para los niños que pueden hablar. Ninguna de las dos cosas es cierta.

La conducta verbal incluye todo tipo de formas de comunicación no vocales, como señalar, firmar, escribir o incluso gesticular. Incluso incluye la comunicación en forma de rabietas. La confusión viene del hecho de que el enfoque de la conducta verbal se utiliza mejor con niños que aún no son conversadores. Esto incluye tanto a los niños vocales como a los no vocales. Por este motivo, el enfoque de la conducta verbal funciona para casi todos los que tienen retrasos en el desarrollo. Aunque la mayoría de los alumnos que utilizan la conducta verbal serán niños, las técnicas de este libro también funcionan con adultos con un repertorio verbal limitado.

Mejorar el lenguaje y reducir los problemas de conducta

El enfoque de la conducta verbal casi siempre reduce las rabietas y otros problemas de conducta porque empieza por evaluar lo que le gusta a tu hijo y luego utiliza esos elementos y actividades (llamados "reforzadores" porque refuerzan las conductas deseadas) para motivar al niño a hacer el trabajo necesario para que empiece a aprender.

Una vez identificados los reforzadores, el tema central del enfoque de la conducta verbal es enseñar a tu hijo a hacer peticiones específicas. B. F. Skinner llamó a esto "mando" cuando lo definió en 1957 en su libro *Conducta verbal*.

El mando es la pieza central de la programación en conducta verbal. Con los reforzadores presentes, el instructor puede empezar el proceso de enseñanza. Ya que el enfoque de la conducta verbal está muy centrado en el niño, es importante que el instructor esté rodeado de todos los reforzadores (los objetos y actividades que le gustan) y le dé "premios" sin exigirle nada. El niño aprenderá a "asociar" al adulto con actividades agradables y divertidas, en lugar de como un instructor que le obliga a hacer tareas que quizá no quiera hacer. "Asociar" la mesa, los instructores, el área de trabajo y los materiales con los reforzadores del niño es la clave al comienzo de un programa de conducta verbal. El objetivo es que el niño corra hacia el instructor y las áreas de trabajo.

Utilizando el enfoque de la conducta verbal, el niño empezará a recibir cosas inmediatamente y pronto pedirá cosas (verbalmente o utilizando el lenguaje de signos). Al final, con la programación sistemática, empezará a pedir cosas que no están en la mesa o en cualquier lugar a la vista, ya sea verbalmente, utilizando el lenguaje de signos o con imágenes. Una vez que el niño responda a los reforzadores y pida varios objetos o actividades, el trabajo se introduce de forma muy, muy gradual.

Por cierto, el enfoque de la conducta verbal requiere relativamente menos documentación, lo que hace que el instructor esté más disponible para estar con el niño y hacerle participar, proporcionándole más oportunidades de aprendizaje.

Principales diferencias entre los programas VB y Lovaas

Una de las mayores diferencias entre el enfoque de la conducta verbal y el de Lovaas es que, con el enfoque de la conducta verbal, el lenguaje expresivo se considera una conducta que puede enseñarse y cada función de la palabra se enseña explícitamente. Las distintas funciones de la palabra "pelota", por ejemplo, se enseñan utilizando la verbalización o el signo correspondiente. Se enseñaría al niño a pedir la pelota cuando la quisiera. También se le enseñaría a nombrar un dibujo de una pelota, a decir "pelota" cuando el adulto dijera "pelota", a tocar la pelota cuando se le indicara que lo hiciera y, por último, a responder a preguntas sobre una pelota.

En el tipo de programación de Lovaas, el lenguaje expresivo se considera más cognitivo y no se enseña al principio si son niños no vocales. A los niños que no utilizan el habla cuando empiezan un programa del tipo Lovaas no se les suele dar inicialmente otra forma de comunicación. Los consultores de Lovaas quieren conseguir que el niño cumpla primero con las peticiones no verbales, como los programas de imitación e igualación. Rara vez se enseña a los niños el lenguaje de signos dentro de un programa de tipo Lovaas, aunque a veces se utiliza el sistema de comunicación con intercambio de imágenes (PECS, por sus siglas en inglés) si el niño sigue sin hablar después de que siga instrucciones. Las diferentes funciones de una palabra también se ignoran dentro de la enseñanza tradicional de ensayos discretos, al menos durante los primeros meses de terapia.

Los profesionales que no utilizan un enfoque de conducta verbal tienden a clasificar el lenguaje como receptivo o expresivo. Puede que recibas un informe en el que se diga que Miguel tiene una edad receptiva equivalente a la de un niño de 13 meses y una edad expresiva equivalente a la de un niño de 15 meses. También podrían decirte que Miguel puede decir "pelota", "gato" y "mamá", pero que estas palabras se oyen con poca frecuencia. Esta información, aunque proporciona cierta información de base, no es muy útil para identificar puntos fuertes específicos o habilidades que habría que enseñar.

En el enfoque de la conducta verbal, si un niño no es verbal, se le enseña inmediatamente un sistema de comunicación alternativo, normalmente el lenguaje de signos, para comunicar sus necesidades y deseos, porque, como se ha señalado anteriormente, la capacidad de pedir (mandos) debe estar en la primera línea de su programación.

Si un niño no es vocal, es obligatorio que se le enseñe otra forma para hacer mandos y para que el programa pueda continuar.

Desde el enfoque de ensayos discretos, recompensamos a los niños por cumplir y hacer muchas habilidades de lenguaje receptivo, así como imitar y trabajar en las habilidades de igualación, mientras que con el enfoque de la conducta verbal el niño pasa más tiempo trabajando en habilidades de lenguaje expresivo como pedir, nombrar, completar canciones y, en general, aprender a comunicarse mejor.

Ambos enfoques funcionan, pero en mi trabajo como consultora he comprobado que los niños y los profesionales son más receptivos al enfoque de la conducta verbal. Como ocurre con cualquier tipo de programa, hay grandes programas, consultores y terapeutas que aplican tanto ensayos discretos como conducta verbal, y también hay programas de ensayos discretos o conducta verbal en los que adultos bienintencionados cometen errores críticos. El objetivo de este libro no es dividir a la comunidad del autismo o de ABA. Espero que este libro esboce el enfoque de la conducta verbal para que los padres y los profesionales dispongan de información básica al respecto y puedan empezar a incorporar parte de la información inmediatamente.

Creo que le debemos mucho al Dr. Ivar Lovaas por su innovador trabajo utilizando ABA con niños con diagnóstico de autismo. El Dr. Lovaas nos dio la esperanza de que podían aprender y desarrolló el formato básico para enseñarles. Las investigaciones de las últimas décadas en áreas como la motivación, la producción de mandos, las operantes verbales, la enseñanza sin errores y el reforzamiento amplían el trabajo del Dr. Lovaas.

Algunos críticos del enfoque de la conducta verbal señalan que, dado que no hay estudios controlados con una muestra amplia sobre este enfoque (similares al estudio de Lovaas publicado en 1987), deberíamos seguir utilizando un enfoque estricto de Lovaas para los niños con diagnóstico de autismo y los profesionales deberían persuadir a los padres de que se alejen de la conducta verbal. Pero esto es contraproducente para ayudar a los niños que no pueden esperar 5, 10 o 20 años a que se realicen estudios de investigación con dichas características. El enfoque de la conducta verbal se basa en toda la investigación con base científica disponible y cuenta con docenas de estudios individuales y de sujetos múltiples que respaldan su uso en niños con diagnóstico de autismo. En mi opinión, no hay razón para esperar a utilizar la conducta verbal, ya que los padres y los profesionales deben utilizar la investigación más actualizada disponible para ayudar a nuestros hijos.

Qué sucede si no enseñamos conducta verbal

Cuando inicialmente consulto en aulas o en hogares que no utilizan un enfoque de conducta verbal, veo errores comunes. Para ser justos, la mayoría de las veces estos programas no están supervisados por profesionales altamente acreditados, sino por personas que intentan hacer lo mejor para estos niños, pero que cometen errores graves al hacerlo. Aunque la base de la enseñanza de ensayos discretos incluye llevar al niño a la mesa para que haga el trabajo, algunos profesionales o padres se frustran con el llanto o las rabietas y premian al niño al empezar un puzle, mientras ignoran sus lloriqueos. En este ejemplo, la recompensa puede estar moldeando más conductas de llanto.

He observado casos en los que el trabajo es demasiado duro o las tareas son demasiado largas y el reforzamiento es escaso. He visto niños no vocales a los que se les han dado habilidades receptivas, de emparejamiento y de imitación, pero no han trabajado habilidades expresivas, por lo que siguen siendo no vocales.

Por otra parte, también he visto programas no basados en la conducta que son aún más perjudiciales. En realidad, puede parecer que el niño está más contento, pero, sin una comprensión de cómo conseguir que el niño se comunique y de qué habilidades hay que enfocar, las posibilidades de desarrollar un aprendiz voluntarioso y de documentar grandes mejoras en el lenguaje son escasas.

Se espera que los niños de estos programas eclécticos y no conductuales aprendan con los adultos habilidades complejas como las preposiciones, los tiempos verbales y la perspectiva. En el caso de un niño de dos años que no hablaba en absoluto, observé programas que se centraban en habilidades como los pronombres (mi turno frente a tu turno) y las preposiciones (poner el oso “sobre” frente a “en” la caja). A ese mismo niño no vocal se le dio la indicación de decir “quiero más bloques, por favor”, cuando no podía decir ni firmar nada. Está claro que este niño fracasaría en este ambiente. En los programas no conductuales rara vez se guardan datos, y el progreso suele ser lento y difícil de medir.

Pasar a un enfoque de conducta verbal

Aunque creo que el tipo de intervención ABA de Lovaas tuvo mucho éxito con Lucas, después de seis meses de utilizar este tipo de terapia día tras día durante 35 horas a la semana, una amiga asistió a una conferencia en la que el Dr. Vincent Carbone habló de utilizar un enfoque de conducta verbal con niños con diagnóstico de autismo. Utilizando las sencillas explicaciones de mi amigo, empecé a cambiar el programa de Lucas de la enseñanza de ensayos discretos a un enfoque de conducta verbal.

Sé que tener una formación en Ensayos Discretos fue una gran ventaja para pasar a un enfoque de conducta verbal. Gracias a la consultora de nuestro centro de replicación de Lovaas, la Sra. Colleen Kline, ya entendía los entresijos del desvanecimiento, la toma de datos y el reforzamiento. En el año 2000, tras oír hablar de la conducta verbal, cambié de institución y empecé a utilizar los servicios de consulta a domicilio a través del Programa de Autismo de la Universidad de Rutgers, en Nueva Jersey, y en ese momento empecé a aprender todo lo que podía sobre el enfoque de la conducta verbal.

Como se ha señalado, el enfoque de la conducta verbal se enmarca en el ámbito de la ABA y suele ser más fácil de aplicar para los profesionales que un programa estándar de ensayos discretos. A muchos logopedas, que se formaron con técnicas naturalistas y a menudo recomendaban a los padres que se alejaran de los ensayos discretos, les resulta muy fácil cambiar al enfoque de la conducta verbal o incorporarlo. Puede que los términos sean nuevos para los logopedas, pero la terapia de conducta verbal suele ser mucho más fácil de incorporar para ellos que el tipo tradicional de terapia de ensayos discretos.

Eso no quiere decir que aplicar un programa de conducta verbal sea fácil. De hecho, el enfoque de la conducta verbal puede ser muy complicado y a menudo es necesario contar con un Analista del Comportamiento Certificado (BCBA) o un Analista del Comportamiento Asociado (BCaBA) con experiencia en conducta verbal para formar a tu personal de terapeutas, actualizar la programación y revisarla en función de los progresos de tu hijo.

El coste de estos consultores puede ser prohibitivo para las familias ya estresadas por las implicaciones económicas del autismo, y aunque un BCBA con experiencia en conducta verbal podría ser necesario para proporcionar una formación continua y actualizar la programación en un programa de conducta verbal al día de la investigación actual, es posible elaborar un programa más sencillo que te permita empezar y ver los resultados de este enfoque. Este plan más simplificado te ayudará a decidir si el enfoque de la conducta verbal es adecuado para tu hijo, o te dará tiempo para empezar un programa si no hay un BCBA o un BCaBA disponible.

Hay información sobre la conducta verbal, pero es algo complicada y difícil de entender. De hecho, a medida que fui aprendiendo sobre esta técnica y, varios años después, tras convertirme en BCBA, descubrí que el enfoque de la conducta verbal podía desglosarse en pasos sencillos que proporcionaran a los padres y a los profesionales una comprensión clara de cómo aplicar un programa de conducta verbal para ayudar a un niño con diagnóstico de autismo o con cualquier trastorno o retraso del desarrollo.

Aunque sea un concepto nuevo, la conducta verbal no es una moda. Se basa en principios científicos y está de acuerdo con todas las enseñanzas de B. F. Skinner sobre ABA, pero en realidad lo mejora al incluir su análisis de la conducta verbal.

Como analista de conducta, ahora voy a las aulas y establezco una programación de conducta verbal para niños de hasta tres años en preescolar. También me han pedido que evalúe en privado a bebés de hasta ocho meses cuyos padres sospechaban de autismo, y pude ofrecerles algunas sugerencias para enseñar a un niño muy pequeño utilizando el enfoque de la conducta verbal. Les recomendé estrategias que ayudaran a atraer al niño y a enriquecer su ambiente, y a averiguar qué le gusta para reforzar el aprendizaje. Así que nunca es demasiado pronto para empezar con algunas de las técnicas que se ofrecen en este libro.

También he desarrollado programaciones para niños de 10, 15 y 20 años que se han beneficiado del uso de este nuevo tipo de enfoque ABA.

En mi opinión, como BCBA y madre de un hijo de diez años diagnosticado de autismo, el enfoque de la conductual verbal es, con diferencia, el mejor enfoque para los niños que tienen dificultades en las habilidades conversacionales con autismo, síndrome de Down u otros trastornos del desarrollo. Aunque es un enfoque sólidamente conductual, permite que el niño dirija el camino de su propio aprendizaje utilizando cosas que le resulten motivadoras. Las capacidades comunicativas del niño se desglosan claramente en fragmentos funcionales, lo que facilita la evaluación y programación de su lenguaje. El lenguaje y la conducta se tratan simultáneamente como dos caras de la misma moneda.

Además de enseñar al niño a pedir (mandos) y algunas otras habilidades de generalización en el ambiente natural, el niño en un programa de conducta verbal también pasa un porcentaje significativo de tiempo sentado en mesa para que el niño obtenga la repetición necesaria para aprender. El enfoque de la conducta verbal utiliza la enseñanza de ensayos discretos, pero en última instancia combina todo lo bueno de ese enfoque y lo hace móvil. Te permite trabajar con tu hijo en casa, en restaurantes y en el supermercado. Y permite que los terapeutas y profesionales trabajen con tu hijo de la misma manera que tú lo harás.

Todos los que trabajan con el niño lo hacen a partir del mismo conjunto de criterios, utilizando las mismas motivaciones para el niño y trabajando en el mismo conjunto de objetivos. Gracias a ello, el niño puede progresar y lo hará.

El enfoque de la conducta verbal también tiene un método para documentar y supervisar el progreso del niño, de modo que sabrás cuándo cambiar de objetivo y de programación para que tu hijo siga avanzando. En general, la documentación no es excesivamente engorrosa, por lo que tendrás mucho tiempo para hacer participar al niño.

El enfoque de la conducta verbal está escrito para desglosar aún más los componentes de ABA y de la conducta verbal, de modo que cualquiera persona pueda empezar a incorporar estrategias de conducta verbal para aumentar la eficacia de su programación.

Este libro se ha diseñado para ayudar a los padres que buscan una forma de empezar, o una nueva dirección en la que moverse. Ofrecerá un recurso para los cuidadores de niños de corta edad y de aquellos con problemas de conducta. Espero que tanto los padres como los profesionales aumenten sus conocimientos sobre el ABA y el enfoque de la conducta verbal para que puedan ayudar eficazmente a sus hijos.

Así que, ¡empecemos!

CAPÍTULO 2

El ABC de ABA

Juan tiene tres años y es difícil de manejar. Cuando le llevas a lugares públicos, intenta morder a sus hermanos y se tira al suelo cada vez que no se sale con la suya. Juan tiene unas cinco palabras, pero no las utiliza adecuadamente y, en cambio, las repite una y otra vez.

Le han diagnosticado autismo y tú estás frustrada. La verdad es que él también lo está.

El hecho que tenga algunas palabras, pero que no sepa utilizarlas, ni ningún otro medio de comunicación, para pedir lo que quiere, le hace sentirse desanimado.

No tienes ni idea de cómo controlar sus problemas de conducta y mucho menos cómo empezar a enseñarle algo.

Por lo general, los padres intentan imponer disciplina a los niños utilizando un arsenal de herramientas que incluye el tiempo fuera, contar hasta tres, amenazar, gritar, decir no, sobornar al niño para que cumpla (si te metes en el coche, te daré una piruleta) o apartarlo de la situación.

Muchos padres se quedan atónitos cuando las conductas (incluso las de los niños típicos) continúan o, en algunos casos, empeoran. El motivo es que los niños utilizan la conducta como comunicación. Una vez que aprendas el "lenguaje" de su conducta, podrás emplear estrategias para disminuir los problemas de conducta y aumentar las buenas. Este es el ABC del análisis aplicado de conducta (ABA). Antes de empezar cualquier plan de intervención, debes ser capaz de comprender la función de la conducta de tu hijo. ¿Qué está tratando de decirte? Una vez que seas capaz de analizar la función de la conducta de tu hijo, podrás tratarla.

Observa bien la conducta de tu hijo. Ahora bien, si te ofreciera 1.000 dólares para tener un día "bueno" con tu hijo, uno en el que no hubiera problemas de conducta, ¿qué tendrías que hacer para que eso ocurriera?

Lo más probable es que tuvieras que dejarle hacer lo que quiera durante todo el día. Le dejarías jugar en el ordenador o rebobinar sus cintas de *Barney el dinosaurio* 100 veces seguidas. Le dejarías comer toda la comida basura que pueda, y le perseguirías con la bebida que elija mientras pasa tiempo solo o con las personas que él escogiera.

Y además de darle todo lo que quiera, también te asegurarás de que no tenga que hacer nada que no le apetezca. Nada de ponerse los zapatos, sentarse a la mesa, lavarse las manos. Sabes que, si te pasaras todo el día dándole a tu hijo exactamente lo que quiere, y al mismo tiempo no le exigieras nada, te ganarías los 1000 dólares.

Este principio es la esencia de ABA y del enfoque de la conducta verbal. Tienes que empezar a trabajar con tu hijo en un lugar en el que se satisfagan todas las necesidades y no se hagan demandas. Pero no te preocupes, no estarás ahí mucho tiempo. He visto a padres y profesionales ignorando ese punto de partida, y los resultados son desastrosos tanto para el niño como para los profesionales.

Por supuesto, es casi imposible tener un día entero reforzando sin presentar demandas, pero, aunque sea, recuerda que, si a tu hijo le encanta el ordenador y odia las matemáticas, vas a conseguir mejores conductas de él más rápidamente si empiezas por usar el ordenador. Una vez que tu hijo disfrute con el ordenador, puedes ir introduciendo las demandas de matemáticas. La mayoría de los analistas de la conducta quieren saber cuándo se produce el problema de conducta. Aunque esto es importante, yo también pregunto siempre dónde y en qué momentos no se produce el problema de conducta para saber por dónde empezar.

El hecho es que los niños con autismo utilizan la conducta como un lenguaje y, hasta que no entiendas el suyo, no van a utilizar el tuyo.

Utilicemos el ejemplo de los mordiscos. Si Juan muerde, tendrás que ver por qué lo hace. ¿Cuál es su recompensa? A veces, muerde porque quiere algo que no puede tener y no tiene palabras para pedirlo. Pero otras veces es porque quiere librarse de hacer una tarea sencilla, como colgar el abrigo o quitarse los zapatos. Por lo tanto, los mordiscos de Juan tienen dos funciones diferentes. Una es conseguir algo que quiere, y la otra es escapar de algo que no quiere. Cada uno de esos casos de morder tendrá que ser tratado de forma distinta. La gente suele aplicar la misma estrategia para morder o gritar en general. Cada vez que Juan muerde se le da tiempo fuera de dos minutos. Sin embargo, si te fijas en la razón por la que Juan muerde, verás que ponerle en un tiempo fuera a veces conseguirá exactamente lo que quiere: alejarse de algo que no quiere hacer.

Aunque al final hagas que Juanito complete la demanda de la tarea, el mordisco sigue siendo reforzante porque ha provocado un retraso en la tarea. Lo más probable es que Juan siga utilizando la conducta de morder para librarse de las tareas o retrasarlas porque, sencillamente, ha funcionado.

Si tienes un niño que grita o muerde y tiene poco o ningún lenguaje, debes controlar su conducta para poder empezar a enseñarle. No te preocupes si te parece abrumador. Este capítulo te va a enseñar a hacer un seguimiento de las causas del comportamiento de tu hijo y a poner en práctica técnicas científicamente probadas para reducir el problema de conducta.

A medida que avanzas en este capítulo, recuerda una cosa. Las leyes de la conducta son casi tan ciertas como las leyes de la gravedad: Si refuerzas una conducta, ésta incrementará, y si castigas o retienes el reforzamiento después de que se produzca un problema de conducta, éste se reducirá.

Si te enfrentas a conductas negativas graves o a un niño que podría herir gravemente a los demás o a sí mismo, te aconsejo que consultes a un analista de conducta certificado (BCBA) con experiencia en autismo para que te ayude a realizar una evaluación funcional de la conducta y a poner en práctica un plan de conducta. En caso de duda, busca ayuda profesional además de leer este libro.

Sin embargo, en la mayoría de los casos de rabietas y problemas de conducta más leves, como pegar, pellizcar, dar patadas e incluso morder (sobre todo si el niño es lo suficientemente pequeño como para que puedas manejarlo), deberías ser capaz de hacer una evaluación tú mismo y desarrollar un plan de conducta o empezar a utilizar algunas estrategias de intervención conductual sin necesidad de contratar a un profesional en este momento. Este libro será tu guía para aprender lo que necesitas para, al menos, empezar a controlar la conducta de tu hijo.

Aprender el ABC

Para empezar este proceso, debes saber que toda conducta contiene tres partes.

La primera es el antecedente (A), que es lo que ocurre justo antes de que se produzca la conducta. Utilizando a Juan como ejemplo, el antecedente sería pedirle que cuelgue su abrigo. La conducta (B) es lo que ocurre después del antecedente. Le pides a Juanito que cuelgue el abrigo (A) y se tira al suelo y se revuelca (B). La consecuencia (C) de la conducta de Juan es que aplicas un tiempo fuera y cuelgas el abrigo tú mismo.

Es la C la que probablemente determinará cómo responderá Juan a antecedentes similares en el futuro, y en este sencillo ejemplo está claro que Juan tenía una rabieta porque no quería colgar el abrigo, y tu intervención tuvo el efecto deseado porque no tuvo que colgar el abrigo.

Esta situación ilustra lo que se denomina una contingencia de tres términos y toda conducta puede descomponerse en antecedentes (A), conducta (B) y consecuencias (C).

La conducta no es un arte. Es una ciencia llamada análisis aplicado de conducta, definida por Cooper, Heron y Heward (2020), como la ciencia a partir de la cual se aplican sistemáticamente procedimientos derivados de los principios de la conducta para mejorar el comportamiento socialmente significativo.

Pero no necesitas saber mucho sobre el ABA para poner en práctica estrategias para tratar las conductas negativas de tu hijo y conseguir que se calme lo suficiente como para iniciar un aprendizaje significativo.

En pocas palabras, ABA es la ciencia del cambio de conducta. Todo el mundo utiliza la contingencia de tres términos a diario.

Si digo: "Hola, ¿cómo te llamas?" y un chico responde: "Me llamo Mateo", y entonces digo: "Encantado de conocerte, Mateo", eso es una contingencia de tres términos.

Mi pregunta fue el antecedente, la respuesta de Mateo fue la conducta, y mi elogio de que fue un placer conocerle fue la consecuencia. El antecedente es siempre lo que precede inmediatamente a la conducta. La conducta puede ser positiva o negativa. La consecuencia también puede ser positiva o negativa. Una contingencia de tres términos positiva es pedir a un niño que se toque la nariz (A), el niño se toca la nariz (B), el niño recibe un trozo de galleta (C). Un ejemplo negativo sería decir: "Haz el puzle" (A), el niño se tira al suelo y grita (B), y el padre retira la petición y dice: "Oh, supongo que no estás de humor para hacer el puzle" (C).

La consecuencia es que se retira la tarea. En el primer ejemplo vemos que es probable que el niño vuelva a seguir las instrucciones porque le gusta la galleta. Sin embargo, en el segundo ejemplo vemos que el niño probablemente aprendió que, tirándose al suelo o gritando, se le retiraba la petición. Así aumentan los problemas de conducta negativos.

Tomar datos

Antes de hacer cualquier otra cosa, tienes que recoger algunos datos sobre las conductas de tu hijo.

Primero, selecciona uno o dos problemas de conducta, como gritar, morder o dar patadas. Tendrás que contar cuántas veces por hora o por día muestra tu hijo una conducta determinada, para saber por dónde empiezas. Además de obtener una tasa de referencia a lo largo de unos días, también tendrás que intentar determinar la función o funciones de la conducta.

Para intentar determinar la función, coge una hoja de papel suelta y haz seis columnas (véase la Tabla 2.1). En la primera columna, a la izquierda, deberás anotar la fecha y la hora de cada problema de conducta. Esto te ayudará a hacer un seguimiento de la frecuencia con la que se produce la conducta y de si un determinado momento del día parece ser problemático.

En la segunda columna debes escribir el entorno o la actividad, como "logopedia", "en el patio del recreo" o "ver la televisión". La siguiente columna es para el antecedente; la instrucción o actividad que precede inmediatamente a la conducta. La instrucción "cuelga el abrigo" o simplemente "apaga la tele" pueden ser antecedentes.

La cuarta columna es para la conducta. Necesitarás que sea muy específica para poder medir el progreso. No escribas algo general como "rabietas", escribe que el niño mordió o intentó morder o se tiró al suelo. Pueden ser múltiples conductas de pataleo, llanto y gritos, pero es importante que seas específico en esta columna.

Por ejemplo, si tu hijo da patadas, tendrás que hacer un seguimiento de cuántas veces las da y cómo vas a definir una patada. No hay respuestas correctas o incorrectas, sólo la forma en que decidas describir un evento. Si defines una patada como un empuje hacia delante con el pie que entra en contacto con un objeto, entonces eso es lo que cuentas.

Puesto que estás siendo específico, también tendrás que tener una definición para las conductas que estás contando. En el caso de los gritos, tienes que decidir qué duración y volumen del grito cuenta como conducta que vas a documentar. Puede que decidas registrar todos los gritos que duren más de tres segundos o puede que decidas registrar sólo los gritos si van emparejados con tirarse al suelo. Tú conoces las conductas de tu hijo y lo que te parece más problemático, así que empieza por eso.

Y luego, en la quinta columna, escribe lo que hiciste o la consecuencia que siguió inmediatamente al problema de conducta. ¿Te alejaste? ¿Pusiste al niño bajo el procedimiento de tiempo fuera? ¿Le dijiste "no llores"? ¿Mantuviste la demanda? ¿O ayudaste al niño para que recogiera físicamente su abrigo? Todos estos son ejemplos de lo que podría ir en la columna C. Anota lo que realmente hiciste, aunque sepas que fue una intervención equivocada. Esto te ayudará a determinar la función o funciones de la conducta de tu hijo, que pueden figurar en la última columna.

Determinar la función o funciones de la conducta

Puede parecer desalentador al principio, pero registrar los datos del ABC es la mejor manera de averiguar qué desencadena la conducta de tu hijo y cómo utiliza la conducta para obtener el resultado que desea.

Este periodo de observación debe durar dos o tres días, de modo que habrás reunido suficientes datos para poner en práctica estrategias para las conductas.

Cuando empieces a analizar los datos, puede que notes que no aparece ninguna función clara, ya que no parece haber un desencadenante del

Tabla 2.1: Plantilla ABC

Fecha/Hora	**Contexto/Actividad**	**Antecedente (A)**	**Conducta (B)**	**Consecuencia (C)**	**¿Función?**
14/9 9:15 a.m.	Supermercado/ Pasillo para pagar en caja	Vio un caramelo y lo quiso	Gritó/se tiró al suelo	Obtiene el caramelo	Atención/acceso a tangibles
15/9 5:00 a.m.	Hora de la comida	Llamar para ir a comer con todos a la mesa	Gritó "NO"	Se le permite que coma sola en la habitación	Escape
15/9 8:00 a.m.	Hora del baño	"hora del baño"	"NO" y se tiró al suelo	La levanté y la llevé a la bañera	Escape
15/9 9:00 a.m.	Hora de dormir	Se le deja solo 10 minutos para que se duerma	Golpear en la pared con el pie	Ignorarla hasta que se quedara dormida	Estimulación sensorial

problema de conducta. Puede que hayas registrado que tu hijo se tiró al suelo llorando durante su vídeo favorito, cuando nadie le exigía nada. En esos casos, es conveniente descartar que un problema médico sea la causa de la conducta. Esto es especialmente cierto si notas conductas graves que empiezan de repente. Algunos niños con infecciones de oído, dolor de muelas o problemas de estómago pueden mostrar problemas de conducta que parecen surgir de la nada. Siempre es mejor consultar a un médico para descartar si las conductas están relacionadas con una condición médica.

Una vez descartados los problemas médicos, puedes empezar a analizar los datos para determinar la función o las funciones de las conductas, que enumerarías en la última columna del cuadro ABC (véase la Tabla 2.1). Éste puede ser el paso más difícil, pero también el más importante.

Los niños con autismo y las personas en general tienen tres funciones principales para su conducta: Quieren conseguir algo, salir de algo, o simplemente buscan un estímulo sensorial.

Una conducta diseñada para conseguir algo (un objeto tangible o tu atención) sería gritar y golpear en el pasillo de las golosinas del supermercado. Así pues, si observas los datos de tu registro ABC y dicen: "Quería el vídeo de *Barney el dinosaurio* y le dije que no", o "Quería el ordenador encendido y se apagó", o "Estaba hablando por teléfono y ella se acercó y empezó a pegarme", todas esas conductas son probablemente utilizadas para llamar tu atención y/o para conseguir algo. El término conductual para esta función es "reforzamiento positivo mediado socialmente". La parte que dice "mediada socialmente" significa que hay una persona o personas implicadas y la parte de reforzamiento positivo, significa que el niño quiere que se añada al contexto (ver a Barney, usar el ordenador o conseguir tu atención en los ejemplos anteriores) que sirve de reforzador para el problema de conducta.

Otra función de la conducta es escapar de una tarea. Si analizas tu tabla ABC y encuentras muchos problemas de conducta después de pedirle a tu hijo que cuelgue el abrigo o que haga fichas o que nombre elementos en un libro, es probable que tu hijo esté utilizando la conducta para escapar de hacer algo. Observarás al mirar tu registro que la conducta puede ser la misma (morder) para llamar la atención y para escapar de una tarea, así que tendrás que idear una estrategia diferente para cada una de esas conductas. El término conductual adecuado para esta función de escape es "reforzamiento negativo mediado socialmente". En esta función también interviene al menos una persona, pero el reforzamiento que busca el niño es que el adulto le quite algo, como una demanda de tarea.

Es fácil recordar la diferencia entre el reforzamiento positivo y el negativo mediado socialmente observando que el positivo significa añadir algo, como la atención y los objetos tangibles, y el negativo significa eliminar las demandas de tareas. Ambas funciones implican a otras personas (socialmente mediadas), por lo que vemos estas funciones con mucha frecuencia en las escuelas, en las sesiones de terapia y en los entornos comunitarios. A medida que avancemos en este libro, utilizaré los términos "atención" (que incluye también el acceso a las cosas) en lugar de reforzamiento positivo mediado socialmente, y "escape" en lugar de reforzamiento negativo mediado socialmente.

La tercera función de los problemas de conducta es la estimulación sensorial. Tu hijo puede morderse a sí mismo porque quiere recibir información de su ambiente. Este tipo de conductas se denominan "reforzamiento automático", y se producen cuando no hay nadie inmediatamente alrededor o cuando no participa activamente en actividades. Estas conductas de autoestimulación suelen darse en todas las condiciones, por lo que es difícil determinar su función. El niño puede mecerse o golpear la cabeza contra la pared o hacer un zumbido. La estimulación sensorial se diferencia de otras funciones sólo porque las conductas se producen cuando el niño está solo o no participa activamente en una actividad, o porque la conducta parece producirse con la misma frecuencia en todos los entornos. El niño puede estar sentado al lado de alguien, pero no ser atendido por esa persona. Todo lo que el niño está haciendo es intentar obtener un estímulo sensorial.

Así que ahora deberías saber qué conductas quieres trabajar, cuándo y con qué frecuencia se producen, y qué has estado haciendo para tratarlas. No te sorprendas si ves funciones mixtas para una conducta, ya que los niños suelen utilizar la misma conducta para obtener una respuesta diferente, pero deberías ver un patrón. Puede que descubras que la conducta de tu hijo se basa en un 75% en la atención y en un 25% en el escape. O puede que descubras que las 11:30 de la mañana es una hora difícil para tu hijo.

Tendrás que desarrollar una estrategia para cada función de la conducta. Las conductas de búsqueda de atención se tratarán con un conjunto de intervenciones, mientras que todas las conductas que sirven de escape se tratarán de forma diferente. Por último, todas las conductas que buscan la atención se tratarán con un tercer conjunto de intervenciones.

Desarrollar un plan de conducta basado en la función

Aunque la mayoría de los que estéis leyendo este libro no seáis analistas de la conducta ni lo seáis nunca, podéis escribir vosotros mismos un plan de conducta sencillo, basado en la función (en la Tabla 2.2 hay un ejemplo de estrategias de conducta que pueden incorporarse a un plan).

Tabla 2.2: Estrategias de intervención conductual basadas en la función

	Atención/acceso a los tangibles (reforzamiento positivo mediado socialmente)	**Escape (reforzamiento negativo mediado socialmente)**	**Estimulación sensorial (reforzamiento automático)**
Estrategias de prevención	Emparejar el entorno/la gente con reforzamiento. Ocho aspectos positivos por cada aspecto negativo. Establezca rutinas y programe actividades reforzantes con frecuencia, a lo largo del día. Mantenle entretenido con su actividad preferida mientras tu no estás disponible (configure el vídeo cuando esté al teléfono). Enseñanza de mandos.	Reduce o elimina las actividades o demandas que desencadenan el comportamiento problema. Emita demandas sencillas que se puedan indicar ("Saluda" en lugar de "Di hola"). Establezca rutinas para que las actividades reforzantes sigan a las actividades más difíciles (primero el baño y luego tiempo libre). Empareje el área de trabajo con reforzadores potentes (TV, comestibles). Presente el trabajo gradualmente.	Enriquece el entorno (música, color, juguetes, actividad). Haz que el niño participe en sus actividades preferidas durante el día. Proporcionar muchos juguetes y actividades sensoriales (trampolín, columpio, música, pelotas blandas). Enseña al niño a pedir actividades sensoriales.
¿Qué hacer cuando se emite el problema de conducta? (según la función de este)	Procedimiento de recuento y mando. Ignora la conducta problema/ aléjate. Breve tiempo sin reforzamiento (con supervisión) y luego redirigirlo a una actividad neutra.	Seguir repitiendo la demanda Bloquear el acceso al reforzamiento hasta que el niño obedezca. Si es necesario y posible, ayudar físicamente al niño Analizar la conducta para prevenir futuros problemas de conducta.	Ignorar las conductas leves que no causen daño (balanceo/quejido). Bloquear los comportamientos más importantes. Espere cinco segundos hasta que se calme o se quede quieto y, a continuación, reoriente al niño hacia una actividad y hágalo participar.

Ya tienes escrito el ABC y ya has determinado que tienes una, dos o tres funciones para cada una de los problemas de conducta de tu hijo. En este punto, lo mejor es elaborar una estrategia independiente para cada función de las conductas.

No quieras tratar cada conducta de forma diferente. Busca tratar las funciones de la conducta. Así que necesitarás tres estrategias diferentes: Un conjunto de estrategias para la búsqueda de atención/acceso a lo tangible, otro para las conductas de escape y otro para las conductas de estimulación sensorial. Todas las conductas que cumplan la misma función se tratarán igual. Si Juan grita, muerde, da patadas y/o pega porque quiere algo que no puede tener, estas conductas se tratarán de forma idéntica. Si Juan grita, muerde, patalea y/o pega porque quiere escapar de algo, estas conductas se tratarán de forma idéntica. Pero cada uno de esos grupos de conductas se tratará de forma diferente entre sí.

Así que, básicamente, sólo necesitarás tres estrategias para mejorar la conducta. Una para todas las conductas de búsqueda de atención, otra para las conductas de escape y otra para las conductas de entrada sensorial.

Tratarás cada función con un enfoque doble (consulta la Tabla 2.2 para ver las estrategias de enfoque en dos frentes para las tres funciones). En primer lugar, tendrás que idear una estrategia para evitar y/o sustituir la conducta. En segundo lugar, tendrás que escribir lo que el adulto debe hacer cuando se enfrente a la conducta basándose en su función.

Cuanto más tiempo dediques a evitar o sustituir las conductas, más fácil será que tu hijo esté preparado para aprender. No es irreal esperar dedicar el 95% de tu tiempo a aplicar estrategias para evitar la conducta.

Siempre que veo problemas de conducta, sé que la demanda es demasiado alta para el niño, y/o los reforzadores son demasiado escasos.

El niño tiene que estar contento de trabajar con el adulto antes de que se le imponga cualquier demanda. Y al principio, las exigencias deben ser pequeñas, casi indefinibles como demanda. Las demandas (que se reforzarán cuando se completen) pueden ser tan sencillas como ponerse los zapatos, subir al coche o decir una frase. Si observas problemas de conducta, da un paso atrás y piensa en cómo puedes evitar estas conductas en el futuro. Sencillamente hacerlo tendrás que aumentar el reforzamiento y/o reducir las demandas.

Tratar las conductas en función de la atención o del acceso a tangibles

Evitar o reemplazar las conductas de búsqueda de atención

Ahora que conoces los problemas de conducta de tu hijo (gracias a tu listado ABC) podrás empezar a evitarlas. Por ejemplo, si tu hijo suele mostrar un problema de conducta porque quiere algo como un caramelo cuando vais a hacer la compra, deberías intentar evitar este problema de conducta asegurándote de que el niño recibe mucha atención o, si se le permite tener caramelos, puedes comprarle una piruleta al entrar en la tienda y dejar que la consuma mientras compráis. De este modo, ya tendrá su caramelo y estará contento. Durante el resto del viaje de compras podrás proporcionarle elogios adicionales por su buena conducta.

Enseñar un comportamiento con una función de atención o acceso a artículos preferidos que sustituya al problema de conducta puede también constituir una estrategia de prevención importante.

La mejor estrategia para esto es enseñar a tu hijo a pedir cosas. Dado que pedir cosas es la pieza central del enfoque de la conducta verbal, se trata ampliamente en los siguientes capítulos de este libro.

De momento, puedes ayudar a tu hijo a comunicarse y a pedir cosas señalando o utilizando gestos sencillos con señas. Asegúrate de que nadie le da cosas a tu hijo como respuesta al llanto o a otros problemas de conducta.

Qué hacer cuando el problema de conducta se produce con la función de atención

En las ocasiones en que no puedas evitar la conducta y tu hijo tenga una rabieta en el pasillo de las golosinas, no se las des mientras esté haciendo la rabieta. Puede tener el caramelo, pero sin presentar rabietas. Tienes que enseñarle este importante concepto.

En lugar de eso, pon a tu hijo de pie frente a ti y dile: "Susie, cállate", y hazle la señal de "silencio" poniéndote los dedos en los labios. Luego cuenta del uno al cinco (en voz alta o en silencio). A continuación, di o haz la señal de "caramelo" y dáselo a tu hijo. Si tu hijo se calla durante los cinco segundos, puede tomar el objeto, pero si no se calla o vuelve a iniciarla mientras estás contando, empieza de nuevo la cuenta, con la indicación de que se calle y luego la cuenta de cinco segundos. Esto enseña al niño que si tiene una rabieta no va a conseguir lo que quiere, pero que, si puede controlarse y "pedir" amablemente, puede tener el caramelo.

Esto se llama "procedimiento de contar y mando", acuñado por el Dr. Vincent Carbone, y funciona muy bien incluso con los niños de desarrollo típico para enseñarles a pedir las cosas. Probablemente quieras enseñar esta técnica en casa antes de probarla en público, de modo que si tu hijo sigue gritando, sea menos probable que cedas. Una vez que decidas que tu hijo ya no se va a recibir el "premio" cuando grite y empieces a poner en práctica un procedimiento de cuenta y mando, tendrás que asegurarte de que todo el mundo es coherente con este enfoque.

Un procedimiento de contar y mando es en realidad un tiempo fuera muy breve. La mayoría de los padres y profesionales que utilizan el tiempo fuera no entienden realmente que un tiempo fuera significa tiempo fuera del reforzamiento.

Para los niños diagnosticados con autismo y otras necesidades educativas especiales, los procedimientos de tiempo fuera suelen ser contraproducentes. Durante los tiempos fuera de uno, cinco o diez minutos, estos niños no aprenden qué han hecho mal y qué tipo de conducta les servirá para acceder al reforzador. Pido al público que levante la mano si cree que el tiempo fuera es un castigo y también que levante la mano si cree que dar una pegatina es un reforzamiento. La mayoría del público piensa que el tiempo fuera es un castigo y que las pegatinas son un reforzamiento. Sin embargo, ésta es una pregunta trampa. Sólo sabemos si algo es un reforzador o un castigo si la tasa futura de la conducta tratada aumenta (reforzador) o disminuye (castigo).

Si utilizas el tiempo fuera, asegúrate de que sólo se utiliza para la función de atención de la conducta, porque si se utiliza para tratar conductas relacionadas con el escape, fracasará. Además, asegúrate de que el tiempo fuera es muy breve sobretodo para los niños que con trastorno del desarrollo. Lleva un registro de la frecuencia con la que utilizas el tiempo fuera para saber si está funcionando. Si la conducta a la que te diriges no disminuye con el uso del tiempo fuera, es probable que esta estrategia no sea la adecuada. Suelo recomendar contar y ayudar a realizar el mando, en lugar del tiempo fuera, para los niños con diagnóstico de autismo, ya que no sólo le estás enseñando que el problema de conducta no le aporta nada, sino que también le estás enseñando a hacer una petición adecuada.

Nunca utilizo procedimientos de tiempo fuera para Lucas y sólo lo he utilizado unas cuantas veces para Spencer, mi hijo de ocho años con desarrollo típico.

Sin embargo, si tu hijo pide algo que no puede tener, la cosa se pone un poco más difícil. Si Ted quiere salir a la calle descalzo y hace cero grados, tendrás que denegar la petición.

En este caso, el procedimiento de contar y mando no funcionará porque no podrás proporcionar la petición al finalizar el conteo.

En este caso, lo más importante es la prevención. Si tu hijo quiere chocolate, pero es alérgico a él, dile que no puede comer chocolate, pero que puede comer una manzana o una galleta o cualquier otra cosa que le guste. Si eso no evita la conducta y tu hijo tiene una rabieta, la mejor estrategia para esto es alejarse e ignorar la conducta. El niño tampoco debe recibir el reforzador que se le ofreció antes de que se produjera el problema de conducta.

Si la conducta del niño se intensifica, debes intentar que se siente tranquilamente antes de ofrecerle otra actividad o elemento que le guste. Pero, de nuevo, no le ofrezcas la actividad reforzante hasta que tu hijo haya estado tranquilo durante al menos cinco segundos. Si empiezas a sobornar a tu hijo con varios reforzadores (objetos que le gustan) durante una rabieta, estarás moldeando ese problema de conducta. Por eso es importante separar la mala conducta (la rabieta) de la buena (pedir amablemente) durante al menos cinco segundos. Si le das al niño un objeto tangible o tu atención (incluso una atención negativa, como una regañina) mientras está mostrando un problema de conducta, corres un gran riesgo de reforzar y moldear más problemas de conducta. Si de repente observas un alto índice de una nueva conducta, busca a la persona o personas que la están reforzando.

Veo que los padres regañan a sus hijos a menudo y sé que esta atención negativa está sirviendo probablemente de reforzamiento. Piensa en el ejemplo del teléfono: Si el niño te pega mientras estás hablando por teléfono porque quiere tu atención, entonces decirle a tu amigo que espere mientras reprendes a tu hijo está consiguiendo lo que quiere: tu atención. La próxima vez, asegúrate de que tiene algo reforzante que hacer mientras estáis al teléfono, si es posible, y haz que las llamadas sean breves. Si tienes que estar al teléfono durante mucho tiempo, haz una pausa cuando tu hijo se porte bien y dale una palmadita en la espalda, una sonrisa o tu aprobación con el pulgar hacia arriba.

Cómo tratar las conductas relacionadas con el escape

Evitar o reemplazar la conducta

Si el niño tiene muchas conductas reforzadas por escape, piensa en formas de aumentar el reforzamiento estando en mesa, con las personas, en el aula o en el lugar donde está. Una tablet, caramelos y juguetes giratorios llevados al área de trabajo para atraer al niño puede ser un primer paso para emparejar el área con el reforzamiento. Este reforzador, sin embargo, tiene que estar en la mesa antes de que empiece el problema de conducta. Deja de llamar al niño para que haga el trabajo y simplemente pon la tablet con su película favorita en el área de trabajo. Cuando venga a la mesa, deja que vea el video y empareja tu voz narrando la escena de vez en cuando. Recuerda que debes dedicar el 95% de tu tiempo a evitar el problema de conducta.

Si tu hijo utiliza la conducta para escapar de las tareas o actividades, es importante rebajar todas las demandas antes de que se produzcan los problemas de conducta, para así evitar o reducir la conducta.

Si notas que pedirle a tu hijo que haga un puzle le provoca una rabieta, la próxima vez, prueba a pedirle que sólo ponga una pieza en el puzle.

Si no quiere colgar el abrigo, la próxima vez que entres, puedes pedirle que se quite el abrigo y te lo entregue. O puedes decidir que el objetivo, por ahora, es que tu hijo tire de una correa de velcro de su zapato, en lugar de obligarle a ponerse todo el zapato.

No pongas el objetivo demasiado alto, porque es probable que desencadene la conducta que intentas evitar. Y, a medida que tu hijo se sienta más cómodo con lo que se espera de él, empezará a hacer más.

La cuestión es introducir las demandas tan gradualmente que no sepa que está "trabajando". Las conductas de sustitución para esta función incluyen enseñar al niño a ser capaz de pedir un descanso o ayuda si el trabajo es demasiado duro, o señalar que ya ha terminado en lugar de tener una rabieta.

En el enfoque de la conducta verbal no utilizamos en gran medida la enseñanza de pausas porque queremos que el niño quiera estar con nosotros y quiera estar en la mesa o en el área de trabajo con nosotros. Sin embargo, si el niño es grande y/o las conductas son muy graves, enseñar al niño a decir o hacer señas de "pausa" o "parada" puede ser la mejor opción.

Qué hacer cuando la conducta se produce y la función es el escape

Según mi experiencia, las conductas de escape se producen cuando el trabajo es demasiado duro o el reforzamiento es demasiado bajo. Si trabajas según el nivel de habilidad del niño, podrás calibrar qué es demasiado difícil para él, o si tus reforzadores no son lo suficientemente potentes.

Sin embargo, si una rabieta se produce tras dar una instrucción (como "pon una pieza en el puzle"), debes mantener la demanda y ayudar físicamente a tu hijo a hacerlo, si puedes. Siempre que sea posible, dale a tu hijo demandas con las que puedas ayudarle a cumplirlas. En lugar de pedirle a tu hijo que diga "hola", pídele que "salude con la mano". Así, si no quiere cumplirla y empieza a tener una rabieta, podrás ayudarle a saludar con la mano, seguido de un reforzamiento (por supuesto, esperando al menos cinco segundos de buena conducta antes de reforzar). Ayudar a tu hijo a cumplir la demanda se llama "dar ayudas". Cuando empieces la programación con tu hijo, es imprescindible que hagas demandas que puedan recibir ayuda, si tu hijo no las cumple.

Por lo general, es fácil dar ayudas que impliquen movimientos motrices, como "haz el puzle", "aplaude" o "iguala la manzana". Decirle a un niño que diga algo, sobre todo si hablar no es una habilidad que le resulte fácil, es casi siempre una batalla perdida, ya que es imposible obligar a nadie a decir nada.

Una vez que hayas ayudado al niño, tienes que pensar por qué se ha producido el problema de conducta. Sé "crítico" después de cada rabieta.

En algunos casos, no es posible ni recomendable ayudar físicamente a los niños, sobre todo si implica algún tipo de fuerza. Así, si Ted se tira al suelo y pesa 45 kilos, no es recomendable que intentes levantarlo o trasladarlo a la mesa. Si tú o el niño estáis en peligro de haceros daño, no se recomienda que le des ayudas físicas. Además, en algunas escuelas y centros, cualquier tirón que implique más que una presión igual y opuesta se considera una contención. Si te encuentras en una situación que requiera fuerza para mover o ayudar a un niño, mantén la demanda, repitiendo la instrucción una y otra vez con voz tranquila y bloqueando el acceso del niño al reforzamiento hasta que cumpla.

Muchos niños con diagnóstico de autismo tienen ambas funciones (problemas de conducta para acceder a lo tangible y escapar de una tarea) simultáneamente. Por ejemplo, un niño puede tener problemas para pasar de las cosas que le gustan a las que no le gustan, como apagar el programa de Barney el dinosaurio e ir a la mesa a trabajar. En esencia, el niño se tira al suelo porque estaba apagada la televisión y quiere volver a encenderla (acceso a los tangibles) y no quiere hacer el trabajo en la mesa (escape).

Si tu hijo muestra un problema de conducta durante las transiciones, la mejor estrategia es preparar al niño para las transiciones. No le indiques que es hora de trabajar y luego apagues el programa de televisión (que bien podría ser su reforzador favorito).

En lugar de ello, debes llevar el reforzador a la mesa o el trabajo al niño, de modo que puedas ir introduciendo poco a poco pequeñas demandas hasta que puedas apagar la televisión (o quitar el juguete, o dejar el puzle). Este proceso enseñará al niño que puede dejar el reforzador, porque se le ofrecerá de nuevo en pequeñas cantidades, de forma gradual a lo largo de la sesión de trabajo.

Intervención en conductas con función sensorial

Evitar o sustituir los problemas de conducta mantenidos por autoestimulación

Las conductas de búsqueda sensorial, como balancearse, golpearse la cabeza, chuparse el dedo, morderse los dedos y gemir, son comunes entre los niños y adultos con trastornos del desarrollo.

Lo más probable es que tu hijo muestre estos problemas de conducta porque no está siendo tan estimulado por las personas o su ambiente como necesita. El compromiso constante de un niño es agotador y, en muchos casos, simplemente no es posible. El personal de las aulas no puede permitir atención individualizada a un alumno y no puede centrarse demasiado en el "trabajo independiente". En situaciones domésticas, también es muy difícil mantener ocupado a un niño con necesidades en todo momento.

El doble enfoque para tratar las conductas de entrada sensorial comienza con un plan para evitar la conducta. Esto se consigue teniendo un ambiente realmente enriquecido. Querrás que un adulto esté con el niño el mayor tiempo posible y que se dedique a algo divertido y reforzante, para que no tenga que buscar la entrada sensorial. Ten a mano muchos juguetes sensoriales, como una pelota de ejercicio grande en la que pueda rebotar el niño, un columpio, una cama elástica, juguetes giratorios y bolígrafos vibradores. Las pequeñas pelotas sensoriales "blandas" también son reforzantes y proporcionan muchos estímulos sensoriales.

Para sustituir estos problemas de conducta, fíjate en las pistas sobre el tipo de estímulo sensorial que puede necesitar tu hijo. Si parece balancear su cuerpo hacia delante y hacia atrás cuando no está involucrado en la actividad, prueba con una silla mecedora, ya que es más aceptable socialmente y puede proporcionar un gran estímulo. Si el niño mancha de saliva la superficie de la mesa, prueba a pintar con los dedos o con una pizarra magnética tipo *Magna Doodle* para sustituir el problema de conducta por algo más aceptable.

Qué hacer cuando se producen problemas de conducta mantenidos por autoestimulación

Si la conducta se produce, puedes ignorarla, sobre todo si se trata de una conducta leve, como mecerse o gemir. Otra opción es esperar a que el niño esté quieto o callado durante unos segundos y entonces acercarte y redirigirlo a una actividad reforzante. En el caso de conductas importantes, como golpearse la cabeza, tendrás que bloquear la conducta con las manos o con algún dispositivo físico, como un casco. Como he dicho antes, si te enfrentas a conductas graves, como golpearse la cabeza, que podrían causar lesiones, te aconsejo encarecidamente que consultes con un analista de conducta que tenga experiencia en conducta verbal. Esto es absolutamente necesario si estás pensando en utilizar un casco u otro dispositivo para tratar de mantener al niño a salvo. En caso de duda, ¡busca ayuda!

Espero que estas conductas disminuyan a medida que se enriquezca el ambiente del niño. Sin embargo, si eso no ocurre y las conductas son graves y pueden causar lesiones, tendrás que consultar a un analista de conducta que pueda ayudarte a entender lo que está ocurriendo.

Lo que puedes hacer ya para hacer frente a los problemas de conducta

Puedes empezar a recopilar datos sobre los problemas de conducta ahora mismo. A lo largo de este libro, los ejemplos de problemas de conducta incluyen conductas de rabietas como llorar, dar patadas, morder y pegar. Siempre debes empezar por abordar los problemas de conducta que puedan causar daños al niño o a otros. Pero, aunque la conducta de un niño no sea agresiva o autolesiva, si es preocupante, cualquier conducta puede ser un problema de conducta. He registrado conductas como el número de veces que un niño dice "no" o "esto es una tontería" o "no puedo hacerlo". También he trabajado con niños con problemas de conducta tales como recitar guiones de películas, dibujar en la mesa con rotuladores o meterse las manos en los pantalones. Evidentemente, estas conductas ocasionan un daño físico, pero aun así pueden ser extremadamente perturbadoras e interferir con el aprendizaje.

Saca el papel y empieza a registrar el número de veces que tu hijo realiza una o dos de sus conductas más graves haciendo marcas en un papel o, si la conducta que te preocupa ocurre con frecuencia, deberías invertir en un contador de clics para contabilizar las conductas. Estos contadores de clics están disponibles en la mayoría de las tiendas de material de oficina o en www.difflearn.com.

A continuación, empieza a anotar la A, la B y la C de la conducta de tu hijo (en la Tabla 2.1, p. 34, encontrarás un ejemplo de formulario ABC). Analiza los datos y, utilizando las estrategias de conducta que figuran en la Tabla 2.2, elabora un sencillo plan de conducta para tratar el comportamiento. A continuación, distribuye tu plan a todas las personas que trabajen con el niño o pasen tiempo con él, para que todos traten la función de las conductas de la misma manera.

Aunque poner el plan por escrito es bueno, también tendrás que mostrar a otros cuidadores cómo reconocer y reaccionar ante las distintas conductas. Los adultos pueden hacer un juego de roles entre ellos (uno de los adultos hace el papel del niño) y asegúrate de que observas cómo los demás se ocupan del problema de conducta de tu hijo mientras se produce. ¡La coherencia es la clave!

Esto significa que todos, desde la niñera hasta tu suegra, saben cómo evitar y manejar los problemas de conducta.

Una advertencia: Una vez que empieces a poner en práctica un plan de conducta, especialmente si el niño ha estado recibiendo reforzamiento por sus problemas de conducta durante meses o años, puede que veas un aumento inicial de los problemas de conducta antes de que el comportamiento mejore.

Las conductas también pueden empezar a ser diferentes, ya que, en el pasado, puede que hayas ignorado el llanto, pero que hayas respondido inmediatamente cuando el niño era agresivo con su hermano. Cuando pongas en práctica un nuevo plan de conducta, no dejes al niño desatendido mientras esté mostrando problemas de conducta. Quédate con el niño para velar por su seguridad y la de los demás, ya que su problema de conducta podría intensificarse.

Con el tiempo, un tiempo breve, deberías ver que la conducta de tu hijo mejora. Si no lo hace, tendrás que reexaminar tu plan, hacer algunos cambios y considerar la posibilidad de buscar ayuda profesional de un BCBA. En definitiva, este método es muy fácil de seguir si has tomado los datos de la líneabase. Si las conductas disminuyen o se eliminan poco después de poner en marcha un plan de conducta, habrás llegado al núcleo de los problemas de tu hijo. Si las conductas permanecen igual o aumentan, tendrás que revisar cómo estás manejando las cosas.

Seguir rastreando el ritmo de las conductas, así como tomar algunos datos del ABC, te permitirá ver si las conductas están aumentando o disminuyendo. Estos datos también te ayudarán a vigilar la función de la conducta, así como a indicarte si todos están tratando la conducta de acuerdo con el plan.

Una vez que hayas empezado a controlar la conducta, puedes empezar a hacer que el niño participe en el aprendizaje. Eso disminuirá aún más los problemas de conducta, porque por fin estará aprendiendo una de las lecciones más importantes de la vida: cómo comunicarse con el lenguaje, no con problemas de conducta.

CAPÍTULO 3

Cómo evaluar a tu hijo

Un profesor de lengua te dirá que el lenguaje está compuesto de verbos, sustantivos y pronombres, mientras que la mayoría de los logopedas consideran el lenguaje como "expresivo" (la capacidad de hablar) o "receptivo" (la capacidad de entender). Aunque ni el profesor de lengua ni el logopeda están equivocados, como profesionales de la conducta verbal, analizaremos el lenguaje aún más, lo que nos permitirá comprender plenamente las habilidades del niño y abordar cada área de la comunicación por separado.

Para ver hasta dónde has llegado, tienes que saber dónde empezaste. Para ello, evalúo la capacidad del niño antes de diseñar el programa. Si construyes una pirámide sobre una base que no es sólida, se desmoronará. Por esta razón, es importante empezar a construir habilidades básicas antes de poder enseñar habilidades más complejas.

B. F. Skinner sugirió que hablar es una conducta aprendida controlada por variables ambientales como la motivación, el reforzamiento y los estímulos antecedentes. Si hablas, recibirás algún tipo de reconocimiento por tu discurso. Si piensas en un bebé que acaba de empezar a balbucear, utilizará muchos sonidos fáciles como "ma" o "ba" o "da", así como sonidos vocálicos abiertos como "aaaa" u "oooo". Como la mayoría de los padres esperan a oír "mamá" o "papá" como primeras palabras, esos ruidos de balbuceo se refuerzan. Los sonidos vocálicos abiertos no reciben la misma atención que un posible "mamá", por lo que no son tan reforzantes. Cuando un bebé emite un sonido "ma" o "da", los padres se emocionan y le colman de atenciones, incluyendo cosquillas y abrazos y leche (que es el alimento preferido por la mayoría de los bebés).

Así es como el lenguaje empieza a moldearse en los bebés con un desarrollo típico.

Es, esencialmente, como los niños con trastorno en el desarrollo también aprenden el lenguaje, pero con un reforzamiento más evidente, ya que su desarrollo lingüístico es mucho más lento.

Aun así, todos nos centramos en las palabras. "¿Su hijo habla?" es una pregunta habitual que se hace a los padres de niños con posibles trastornos. Las respuestas pueden variar desde "no habla en absoluto", pasando por "es inconsistente, pero utiliza algunas palabras", hasta "utiliza regularmente unas diez palabras", o "habla todo el tiempo".

Pero tener palabras no es lo mismo que ser capaz de utilizarlas con eficacia. Se puede decir que un niño de cuatro años tiene una edad expresiva equivalente a la de un niño de 2,2 años, y unas habilidades receptivas del lenguaje de un niño de 3,4 años. No es suficiente información para evaluar con precisión el nivel de habilidad de un niño.

Como analista de conducta, necesito mucha más información sobre la función del lenguaje de un niño. ¿Cómo utiliza estas palabras? ¿Cuándo utiliza estas palabras? ¿Con qué frecuencia las utiliza? En lugar de considerar el lenguaje expresivo como un todo, los profesionales de la conducta verbal lo dividen en unidades más pequeñas, como emitir mandos, los tactos, la ecoica, las intraverbales y el lenguaje espontáneo. Tendrás que evaluar cada una de estas habilidades para planificar tu programa de conducta verbal.

He incluido un formulario de evaluación en la parte posterior de este libro (véase el Apéndice 2) que debería ser útil para documentar las habilidades de base de tu hijo en las operantes verbales y no verbales.

Evaluar la capacidad de emitir mandos

Mi primera pregunta a los padres es: "¿Cómo te hace saber tu hijo cuando quiere o necesita algo?". Lo que pregunto, en esencia, es: "¿Cómo emite mandos tu hijo?". Emitiendo mandos es la operante más importante, ya que siempre va precedida de motivación y termina con la recepción por parte del niño de lo que ha pedido.

Desde el punto de vista científico, una palabra no es un mando si no hay una motivación que la preceda. Un niño quiere una galleta, así que la manda (pide). Skinner dijo que la motivación suele estar precipitada por la saciedad y la privación. Si a un niño le gustan las patatas fritas y las pide y las recibe, llegará un momento en el que el niño se habrá hartado de patatas fritas y pedirá agua o zumo. Ha saciado su deseo de patatas fritas, pero entonces desea agua o zumo. Eso ejemplifica la motivación que hay detrás del mandato: El deseo debe ser previo al mando.

Utilizando el ejemplo del ABC en la terapia conductual, la motivación es la A (antecedente), mientras que la conducta es pedir la galleta (B), y la consecuencia (C) es un reforzamiento directo (el niño consigue la galleta). Como se trató en el capítulo 2, cualquier conducta que se refuerce se mantendrá o aumentará. Por tanto, si se refuerza al niño directamente después del mando, puedes esperar que el uso del mando se mantenga o aumente. Tu hijo entenderá que cuando diga "galleta", recibirá una galleta. Así que, cuando tenga hambre, es probable que emita mandos en lugar de rabietas, porque será la forma más rápida de satisfacer su deseo.

Al evaluar la capacidad de emitir mandos, lo mejor es pensar en cualquier cosa que esté fuera de la vista y que tu hijo solicite actualmente sin ayuda. Para muchos alumnos principiantes, la capacidad de emitir mandos es muy débil, especialmente para cosas que están fuera de la vista, así que anotar el número de mandos fuera de la vista no debería llevar mucho tiempo. Una vez que hayas anotado todos los mandos fuera de la vista, reúne varios de los alimentos, bebidas y juguetes preferidos de tu hijo. Presenta un pequeño trozo de galleta (u otro comestible preferido) gratis y observa si el niño lo coge y se lo come. Si lo hace, sabrás que la motivación es fuerte, así que sostén otro trozo de galleta y espera cinco segundos para ver si tu hijo dice o hace un signo para pedirla. Esto se registrará como un "mando a la vista" si dice vocalmente "galleta" o utiliza el lenguaje de signos. Si el niño no dice ni hace signos de "galleta", presenta el modelo verbal o de signos tres veces con un segundo entre cada modelo, así "Galleta", un segundo de demora; "galleta", un segundo de demora; "galleta". Mientras das los tres modelos, acerca ligeramente la galleta al niño cuando digas "galleta" por segunda y tercera vez. Si el niño intenta decir galleta con un modelo, anótalo en la tercera columna que titularás "Mandos a la vista con modelo vocal". Continúa este procedimiento para comprobar toda la gama de la capacidad de emitir mandos de tu hijo.

Un niño de desarrollo típico emite mandos cientos de veces al día para muchos reforzadores diferentes y luego pasa a emitir mandos para llamar la atención, como "Eh, mírame", y a emitir mandos para obtener información, como "¿Dónde está papá?", normalmente cuando cumple tres años. Así que, a menos que tu hijo sea un "monstruo de los mandos", sigue evaluando hasta que tengas una lista exhaustiva de mandos.

Evaluar la capacidad de tactar

Un "tacto" es la siguiente operante verbal. Puede ayudarte a asociar el significado de la palabra, el recordar la palabra "contacto". Cuando ve, huele, saborea, oye o siente algo, se comunica etiquetando, tactando,[5] el objeto o describiéndolo. Una vez que el niño puede emitir mandos para varios objetos, puedes empezar a enseñarle a tactar. Una de las mejores formas de introducir a tu hijo en el tacto es hacer fotos de sus reforzadores

---

5 N. del E.: el verbo "tactar" denota la emisión de tactos por un hablante.

favoritos y pedirle que los toque. Puedes utilizar los objetos reales, pero no lo recomiendo, ya que se confundirá el emitir mandos por el objeto y el tactar. El uso de imágenes también ayuda al niño a cruzar las operantes más fácilmente. El procedimiento de enseñanza de los tactos y la transferencia de habilidades entre operantes se explicará con detalle más adelante en este libro, pero a efectos de comprensión de los distintas operantes, basta con recordar que un tacto es etiquetar algo que se ve, se oye, se huele, se saborea o se toca.

Para evaluar los tactos, lo mejor es reunir objetos de cosas comunes y ponerlos en una papelera transparente marcada como "tactos". También tendrás que comprar algunas tarjetas, imprimir imágenes prediseñadas o recortar imágenes de revistas para evaluar la capacidad del niño para tactar imágenes. Evalúa el tacto de objetos e imágenes preguntando al niño: "¿Qué es esto?" y registrando su respuesta. Si el repertorio de tactos es fuerte, puedes utilizar los primeros libros de 100 o 1000 palabras y señalar de imagen en imagen para evaluar esta habilidad. Sin embargo, si la habilidad de tactar es débil, o si el niño se distrae con varios elementos de una página, tendrás que utilizar tarjetas de memoria.

Los niños de desarrollo típico construyen su vocabulario con miles de tactos antes de llegar a la edad escolar. Sigue evaluando los tactos, aunque sea un punto fuerte, y continúa hasta construir una lista que supere ampliamente el centenar. Si el niño tiene una capacidad de tactar limitada o nula, puedes dejar de hacerlo después de evaluar diez elementos e imágenes.

Evaluación de las habilidades ecoicas

La operante ecoica se explica por sí misma. Consiste en repetir lo que dice otra persona, de forma similar a un eco. En los niños de desarrollo típico, la capacidad de hacer ecoicas es crucial para su aprendizaje. Un niño típico verá una excavadora trabajando en una obra y preguntará a sus padres: "¿Qué es eso?". El padre responde: "Eso es una excavadora". Y el niño hace ecoica de "excavadora". La mayoría de los niños típicos captan la nueva palabra en uno o dos intentos y luego no hay que repetirla.

Un niño con diagnóstico de autismo puede tener algo de lenguaje, pero la incapacidad de hacer ecoicas de lo que dice otra persona puede estancar ese desarrollo. En algunos casos, niños con diagnóstico de autismo pueden no ser capaces de repetir inmediatamente, pero tendrá una ecolalia demorada, que se interpone en el aprendizaje. Lucas tenía eso, en un pequeño grado. Le llevamos a un museo justo cuando cumplió dos años (antes de su diagnóstico) y estuvimos mirando los patos. En lugar de estar fascinado por los patos, estaba fascinado por las señales que prohibían alimentar a los patos. Mi marido y yo le llevamos de señal en señal, leyendo:

"Por favor, no alimente a los patos", y añadiendo luego "cuac, cuac". No repetía la frase en el museo, pero en mitad de la noche se despertaba y decía: "Por favor, no alimente a los patos, cuac, cuac". En aquel momento no había oído hablar de la ecolalia retardada, y conté esto como una frase de buena fe, tomándola como una buena señal de que Lucas era capaz de juntar palabras en una frase.

Para evaluar las habilidades ecoicas del niño, asegúrate de que no hay materiales u objetos presentes y haz que el niño se siente cerca de ti, preferiblemente de cara a ti. Elige primero sonidos sencillos para evaluar, como "Di ma" y "Di ba". Si el niño hace ecoicas de sonidos sencillos, pasa a palabras de una sílaba, como "Di taza" y "Di pelota". Avanza para evaluar palabras de varias sílabas y, a partir de ahí, frases.

La ecoica se tratará en el capítulo 9. De momento, recuerda que la operante ecoica es similar a un eco. El antecedente de una ecoica es la conducta verbal de otra persona (decir una palabra o una frase) y la conducta se produce cuando el niño repite la frase, ya sea de forma exacta o aproximada. Puede ser inmediata o retardada. Conseguir el control ecoico es otro paso importante y, de hecho, puede abrir las puertas del lenguaje, ya que la capacidad de hacer ecoicas aumenta la capacidad de aprender.

Los niños con diagnóstico de autismo no suelen tener capacidad de hacer ecoicas, o a veces son capaces de hacer ecoicas de casi todo, por lo que no es necesario evaluar cientos de palabras. En su lugar, basta con evaluar la capacidad del niño para repetir sonidos sencillos (ma, da, do), luego palabras de una sílaba (gato, cama), palabras de varias sílabas y finalmente de frases.

Evaluación de las habilidades intraverbales

La operante intraverbal implica la capacidad de responder a preguntas y es importante en el desarrollo de las habilidades de conversación. Lucas tenía algunas habilidades intraverbales antes de su diagnóstico de autismo. Mi marido descubrió esta capacidad, pero ninguno de los dos éramos conscientes de que ser capaz completar canciones y rimas infantiles era una habilidad intraverbal. Recuerdo que un día mi marido me dijo que observara lo que ocurría cuando empezaba a cantar el tema de la serie de la PBS, Arthur. Mi marido cantaba: "Y yo digo..." y Lucas completaba: "¡Eh!". Entonces mi marido cantaba la siguiente línea: "Qué maravilloso tipo de..." y Lucas decía "¡Día!". Cantaron toda la canción de esta manera, con Lucas rellenando los espacios en blanco. Lo que me resultaba tan confuso en aquel momento era que Lucas no podía decir esas palabras en ningún otro contexto. Si le decía: "Di día", no podía hacerlo. Tampoco podía pedirle a mi marido que cantara la canción, ni etiquetar o tactar nada. Sólo decía palabras que resultaban ser intraverbales.

Por eso, cuando evalúo a niños que tienen un lenguaje mínimo, a menudo consigo que completen los espacios en blanco de canciones conocidas. Sin embargo, la clave para evaluar esta habilidad es cantar una canción que el niño haya escuchado muchas veces. Omite la última palabra de cada línea. Por ejemplo, al cantar la canción de Barney el dinosaurio, empezarías cantando en voz alta y despacio "Me encanta..." y dejarías fuera la última palabra. Si tu hijo no completa la palabra "Tú", entonces la dices, y pasas a la siguiente línea, "Tú me...", esperando unos segundos a que el niño complete la palabra "amas". Si no lo hace, entonces se la dices tú. Si tu hijo es capaz de completar con una sola palabra las canciones, el siguiente paso para evaluar esta habilidad es ver si puede rellenar frases más funcionales sobre la vida cotidiana. En este caso, dirías cosas como: "Duermes en la..." o "Bebes con una ..." y verías si el niño puede completar "cama" y "taza". Normalmente, un niño necesita dominar este tipo de habilidades intraverbales sencillas antes de poder responder a intraverbales más complejas como: "¿Qué vuela en el cielo?" "Nombra tres colores" o "¿Qué fruta es amarilla?". Los intraverbales se explicarán con más detalle en el capítulo 9, pero en este momento, recuerda que un intraverbal es una respuesta a una pregunta precipitada por otra persona.

Evaluar puntos fuertes y puntos débiles

Los cuatro operantes verbales principales son el mando, el tacto, la ecoica y la intraverbal. Juntos constituyen lo que los logopedas llaman "lenguaje expresivo". Quiero que sepas ahora que muchos niños con autismo u otros retrasos en el desarrollo tienen realmente habilidades dispersas. Cuando empezamos nuestro primer programa Lovaas de análisis aplicado de conducta (ABA), Lucas ya podía hacer mandos de varias cosas y, como se ha ilustrado más arriba, también tenía algunas habilidades intraverbales, pero no podía tactar ni imitar verbalmente (hacer ecoicas) bajo instrucciones. Como entonces no conocía el enfoque de la conducta verbal, no utilizaba sus puntos fuertes expresivos como hago ahora con otros niños. No olvides evaluar los puntos fuertes del niño, así como sus puntos débiles. Empieza por documentar los aspectos en los que tu hijo tiene éxito y no te preocupes tanto por la precisión como por la intención. Si levantas un trozo de galleta y tu hijo dice "aeta" o "eta", sigue emitiendo mandos por la galleta. Refuerza esa conducta dándole la galleta, pero asegúrate de modelar la forma correcta de decirlo y anota la pronunciación del niño de la palabra "galleta".

Lleva también un seguimiento de las palabras de las que tu hijo hace ecoicas. Si levantas un trozo de galleta y tu hijo no dice nada, di "galleta". Repítelo de nuevo y observa si el niño lo repite. Registra este incidente como mando, ya que le has proporcionado el objeto y el modelo vocal.

Además, registra las palabras que tu hijo tactará (etiquetará) cuando vea el objeto real o una imagen. Por último, haz un seguimiento de las palabras que tu hijo utiliza para rellenar los espacios en blanco de una canción. Estos datos te ayudarán a diseñar un programa para que tu hijo se dirija específicamente a sus puntos débiles aprovechando sus puntos fuertes.

Al evaluar las habilidades actuales, también querrás tener una idea de cuánto habla tu hijo, aunque sólo sea balbuceando. Pon un temporizador de cocina durante 30 minutos o una hora y cuenta simplemente cuántos sonidos o palabras dice tu hijo en su ambiente natural. Esto también te servirá como líneabase antes de empezar tu programación.

Evaluación de las operantes no verbales

Skinner aborda el papel del oyente en el capítulo 7 de su libro *Conducta verbal* (1957/2022), pero no se ocupa de las operantes no verbales, como el lenguaje receptivo. Sin embargo, mejorar el lenguaje receptivo de un niño forma parte de cualquier programa ABA, incluidos los programas que utilizan un enfoque de conducta verbal. La mayor parte del mérito de la definición y el desarrollo de programas no verbales corresponde al Dr. Ivar Lovaas y a muchos otros profesionales e investigadores de ABA que siguieron y reprodujeron su importante trabajo. Estas operantes, la imitación y el desempeño visual, están incluidas en la Evaluación de las Capacidades Básicas de Lenguaje y Aprendizaje (ABLLS), lo que las convierte en componentes importantes de la conducta verbal.

El trabajo con estas operantes se tratará en detalle más adelante en este libro, pero necesitarás saber un poco sobre ellos para evaluar con exactitud los puntos fuertes de tu hijo y los que necesita trabajar.

Evaluar las habilidades de lenguaje receptivo

El lenguaje receptivo no requiere hablar y es básicamente la capacidad para entender lo que se le dice, de modo que pueda seguir instrucciones o cumplir una demanda. Los niños de desarrollo típico que simplemente tienen un retraso en el habla, así como algunos niños con trastornos en el desarrollo, tienen en realidad unas habilidades receptivas bastante buenas. Muchos padres comentarán que su hijo entiende todo lo que se le dice, y que obedecen a las peticiones. Un niño que no habla puede ser capaz de responder adecuadamente a la petición "tráeme la pelota" o "ve a por un pañal". Sin embargo, los niños con diagnóstico de autismo a veces parecen sordos, porque no reaccionan en absoluto a las demandas. Algunos padres visitan a un otorrino antes de acudir a cualquier otro tipo de profesional. Llevamos a Lucas a un otorrino cuando tenía dos años porque no respondía a su nombre. Recuerdo que en aquel momento pensé que sería horrible que Lucas tuviera que llevar audífonos. Si su problema hubiera sido tan sencillo. Pero incluso yo me di cuenta en aquel momento de que, aunque Lucas no respondía a su nombre, parecía tener una buena audición en otras situaciones. Por ejemplo, siempre oía la canción de Barney el dinosaurio que sonaba en la habitación de al lado. Así que, por supuesto, la audición de Lucas se comprobó que estaba bien. Ahora que sé más sobre el autismo, veo que la motivación para responder a su nombre era la culpable, no la mala audición.

Una de las primeras directrices que nos dio nuestra primera asesora, Colleen Kline, el primer día de consulta en nuestra casa, fue que dejáramos de utilizar tanto el nombre de Lucas. En nuestro esfuerzo por conseguir que entendiera y cumpliera las tareas, habíamos emparejado su nombre con todas nuestras demandas. Así que lo que oía todo el día era: "Lucas coge tus zapatos", o "Lucas, tócate la nariz", o "Lucas ven aquí". Como rara vez respondía y no sabíamos cómo incitarle a cumplir, simplemente nos poníamos más fuertes y repetíamos su nombre junto con nuestras demandas una y otra vez a lo largo del día. Colleen nos explicó que Lucas necesitaba un lenguaje sencillo sin añadir su nombre: Ven aquí, coge los zapatos, toca la nariz. También nos dijo que teníamos que emparejar su nombre con un reforzamiento positivo en lugar de emparejar su nombre con demandas. Por ejemplo, sólo utilizaríamos su nombre cuando le diéramos comida, bebida o actividades divertidas. "Lucas, aquí tienes una patata, patata, patata", "Lucas quiere un empujón, empujón, empujón", "Hip, hip hurra por Lucas". La parte más difícil de la evaluación de las capacidades de lenguaje receptivo de tu hijo es asegurarte continuamente de que no le estás indicando la respuesta de ninguna manera, ni le estás dando una ayuda visual. Al evaluar las habilidades receptivas, debes mantener las manos quietas a los lados, la voz neutra y vigilar también tu mirada, que podría servir de ayuda. Da una indicación clara: "Toca la nariz". Si el niño se toca la nariz, ha entendido la petición. Sin embargo, si se toca primero la cabeza y luego la nariz, se considera un error.

Los niños con un desarrollo típico suelen tener una capacidad de lenguaje receptivo intacta. Algunos niños con diagnóstico de autismo, como Lucas, no tienen habilidades receptivas de lenguaje cuando se les evalúa inicialmente, mientras que otros son casi apropiados para su edad.

Evaluación de las habilidades de imitación

A continuación, hay que evaluar las habilidades de imitación. Necesitarás dos objetos idénticos de cada una: Coches, lápices y tazas. Pon sólo coches idénticos sobre la mesa o el suelo y dile al niño que "haga esto" mientras tú mueves tu coche hacia arriba y hacia atrás varias veces. Observa si el niño hace lo mismo con su coche. A continuación, pasa a los lápices poniendo dos lápices sobre la mesa y retirando los coches. Coge tu lápiz y dale un golpe en la mesa, diciendo "Haz esto".

Cuando hayas evaluado la imitación de juguetes/objetos, pasa a evaluar las habilidades de imitación motora gruesa. Se trata de movimientos grandes con los brazos y las piernas, como saltar o dar palmas. El niño debe ser capaz de copiar tus movimientos sin que le des ayudas (excepto para decir "Haz esto"). No utilices frases como "Aplaude" o "Salta" durante esta evaluación. Utiliza sólo la orden "Haz esto" para ver si tu hijo puede imitarte. Si das una palmada y dices "Da una palmada", estarás evaluando dos operantes diferentes: la imitación receptiva y la imitación motora. Durante la evaluación, es importante tratar de mantener separadas las evaluaciones de estas operantes. Con el tiempo, tu hijo debería ser capaz de imitarte sin ninguna ayuda, pero al principio, los niños necesitarán la indicación "Haz esto". Al igual que las habilidades ecoicas, me parece que la mayoría de los niños con trastornos del desarrollo no tienen capacidad de imitación o pueden imitar casi cualquier movimiento. Una evaluación cuidadosa es clave.

Evaluación de las habilidades de desempeño visual

La última operante no verbal que deberás evaluar es la capacidad de tu hijo para igualar a la muestra o completar otras habilidades de desempeño visual. Muchos niños con diagnóstico de autismo son aprendices visuales, así que tiene sentido que igualar sea una habilidad en la que destaquen y disfruten. En un enfoque de conducta verbal, el emparejamiento suele introducirse justo después de que el niño aprenda a emitir mandos para algunos elementos, pero puede iniciarse incluso antes, durante el proceso de emparejamiento, si al niño le gustan las actividades de emparejamiento y rompecabezas. El "puzle" suele ser uno de los primeros mandos que se enseñan a los alumnos que tienen un fuerte aprendizaje visual.

Las habilidades de emparejamiento requieren algunos materiales. Tendrás que reunir objetos idénticos de tu casa. Podrían ser tenedores de plástico idénticos, zapatos de bebé, lápices del número 2, platos de plástico, juguetes de comida para niños (es bastante fácil conseguir duplicados) y coches. Sólo tienes que asegurarte de que los objetos son idénticos.

Además, necesitarás objetos similares, pero no idénticos, como tres zapatos de bebé diferentes, coches de distintas marcas o una cuchara de plástico y otra de metal. Pon cada uno de los objetos idénticos en una papelera y los objetos no similares en otra.

Un carrito con ruedas es una gran inversión para organizar los materiales. También deberías conseguir unas cuantas cajas grandes para guardar los dibujos de tu hijo de su programa de conducta verbal.

Para evaluar las habilidades de igualación, coloca tres o cuatro objetos en el suelo o en la mesa. Los objetos necesitan un poco de espacio entre ellos, para que el niño pueda colocar el artículo idéntico junto a su igual. Entrega al niño un vaso y dile "iguala". Está bien dar una pequeña ayuda al principio, para que sepa lo que se espera de él en esta prueba. Si acierta todas o la mayoría de las veces en un campo visual de cuatro o cinco objetos, puedes empezar a añadir algunos objetos del cubo no idéntico.

Sin embargo, si tu hijo empieza a jugar con los juguetes de la mesa, o los golpea, o los retira de la mesa, ése es tu punto de partida para esta habilidad.

Este mismo proceso puede utilizarse también para igualar imágenes. Una de las formas más fáciles de conseguir imágenes iguales es simplemente comprar dos cajas idénticas de tarjetas, lo más baratas posible. He conseguido algunos de los mejores materiales a lo largo de los años en tiendas de descuento. Las tarjetas se pueden utilizar para un programa de igualación, así como para otros programas, por lo que es una buena idea tenerlas a mano cuando empieces tu programa. También puedes comprar tus materiales en sitios web como www.difflearn.com o www.superduperinc.com. También es fácil utilizar Internet para buscar en Google determinados artículos (en la pestaña de imágenes) y luego imprimir dos copias. Esta es una forma especialmente buena de encontrar objetos más raros, como rollitos de fruta confitada o la Casa Blanca. También es muy útil para igualar imágenes con objetos.

Si tu hijo ha destacado en el emparejamiento idéntico y no idéntico de objetos e imágenes, el siguiente paso es evaluar su capacidad para clasificar objetos no idénticos. En esta evaluación, colocarías fotos de distintos tipos de manzanas y de distintos tipos de perros sobre la mesa y le pedirías que clasificara todos los perros. También puedes trabajar en clasificaciones más complicadas, a medida que vaya acertando, se podría pedir que separe las bebidas de los animales, o los vehículos de los alimentos.

Otras habilidades de desempeño visual son los puzles, hacer bloques y laberintos. Ahora que lo has evaluado en todas las áreas, es el momento de empezar a desarrollar esas habilidades para ayudarle a aprender.

CAPÍTULO 4

El desarrollo de reforzadores

Todos respondemos al reforzamiento positivo

Todos recordamos los grandes elogios que hemos recibido en nuestra vida. El aplauso en la obra de teatro del colegio, el aprobado de un examen, o la foto en el periódico por haber capturado el pescado más grande. Probablemente te hayas dado cuenta de que, tras recibir estos elogios, deseabas seguir haciendo cosas que te hicieran recibir más elogios. Querías rendir más, trabajar mejor o pescar mejor. En pocas palabras, las recompensas de tus acciones reforzaron tu determinación e hicieron que tu buena conducta fuera aumentando con el paso del tiempo.

Todo el mundo responde al reforzamiento, ya sea el obvio y dramático aplauso por un trabajo bien hecho, o simplemente el recibir nuestro salario. Trabajamos porque nos pagan. Somos educados para obtener una sonrisa de un cliente. Somos voluntarios porque nos sentimos bien ayudando a los demás.

Los niños, incluso los niños con trastorno del desarrollo, no son diferentes. Cuando se les recompensa por sus conductas, responden positivamente. Estas recompensas se llaman reforzadores y son probablemente la herramienta más poderosa que tendrás para ayudar a tu hijo con diagnóstico de autismo a aprender. Es imprescindible que identifiques reforzadores potentes para tu hijo desde el principio.

Cómo identificar reforzadores potentes

Recuerda también que el reforzamiento debe aplicarse individualmente a cada niño y está sujeto a cambios diarios, por lo que tu lista de reforzadores debe ser variada y amplia. A algunos niños les encantan los caramelos, pero otros los odian. Algunos responderán bien a las pegatinas o a un sistema de fichas con reforzadores demorados, mientras que otros responden mejor al reforzamiento inmediato. O, como he dicho antes, algunos niños pueden encontrar reforzantes las regañinas y el tiempo fuera.

Tuve la maravillosa oportunidad de ver hablar al Dr. Glen Latham en el año 2000, unos años antes de su muerte. El Dr. Latham, autor de *El poder de la paternidad positiva*[6] (1990), entre otros libros, afirmó que todos los seres humanos necesitan ocho cosas positivas por cada retroalimentación negativa o constructiva de retroalimentación. Escuchar su conferencia fue un acontecimiento que me cambió la vida. Describió las aulas en las que se daban muchos comentarios negativos y las comparó con las aulas "buenas" en las que se aprendía a dar ocho comentarios positivos por cada negativo. Sin embargo, las cosas positivas que se hacen pueden ser tanto verbales como no verbales. Presentar un pulgar hacia arriba o incluso una sonrisa puede servir de reforzador. Creo que, si todas las personas en entornos de trabajo y aprendizaje utilizaran este principio, los adultos y los niños serían mucho más felices y productivos. Lo que he aprendido a lo largo de los años es que, si la atención positiva no se presta con la suficiente abundancia, tanto los niños como los adultos empezarán a actuar y a mostrar problemas de conducta para conseguir su atención negativa. Otra cosa importante que he aprendido es que la mayoría de los niños con trastornos del desarrollo necesitan mucho más que un elogio y un premio al final de la semana por cumplir y aprender.

Desarrollar un sistema de reforzamiento parece algo sencillo, ¿verdad? Pero en realidad, es una de las cosas más difíciles de hacer. He aquí la razón: Los niños responderán a diferentes reforzadores para diferentes cosas en diferentes momentos, basándose en los principios de saciedad y privación.

Por mucho que a tu hijo le gusten las galletas saladas, no los verá como un reforzador una vez que se haya saciado de ellos. Las galletas saladas dejarán de ser un reforzador potente. Imagina a un niño en una tienda de caramelos: al final se va a hartar de ellos. Privar a un niño de sus reforzadores favoritos puede funcionar a veces, pero aquí también hay un equilibrio precario. Aunque esto puede aumentar el valor del reforzamiento, también puede crear una atmósfera en la que el niño crea que tiene que trabajar demasiado para ver sólo unos minutos de su programa favorito. Si el trabajo es demasiado duro en relación con el reforzador, el niño puede decidir que no merece la pena. Los niños también pasan por fases en las que les encanta una comida, una actividad o un libro concretos, pero luego dejan de gustarles. Esto también ocurre con los niños de desarrollo típico.

---

[6] N. del E.: *Power of Positive Parenting: A Wonderful Way to Raise Children*, editado por última vez en 1994 por P. T. Ink. No existe edición en español.

Es un baile complicado que acabas creando sobre la marcha. Sin embargo, es fácil empezar, así que por ahí empezaremos.

Elección de reforzadores

Al empezar un programa de conducta verbal, debes elegir reforzadores que el instructor pueda controlar fácilmente. Por ejemplo, un juguete favorito no sería un buen reforzador al principio, porque habría un tira y afloja al final del periodo de reforzamiento. Las galletas, en cambio, pueden partirse en trocitos y repartirse de una en una. Otros reforzadores fáciles de controlar son grageas de chocolate (tipo Lacasitos® o M&M®) un sorbo de zumo vertido de un vaso grande a otro pequeño. Una vez consumido el caramelo o la bebida, el niño puede empezar a trabajar de nuevo, por lo que obtendrá más zumo o caramelo.

La comida suele ser uno de los mejores reforzadores, pero tanto los padres como los profesionales se resisten a la idea de alimentar a un niño todo el día con trocitos de comida. A algunos les huele a entrenamiento de perros y otros ven problemas en recompensar a un niño por una tarea tan pequeña. Además, los niños con diagnóstico de autismo suelen tener trastornos de la alimentación teniendo con frecuencia bajo peso o sobrepeso. También suelen ser extremadamente quisquillosos con la comida.

A mí también me preocupa alimentar a los niños continuamente a lo largo del día. Me preocupa no sólo su peso, sino también sus dientes si se les da caramelos pegajosos y con alto contenido en azúcar todo el día. Sin embargo, en mi trabajo he conocido a pocos niños que no respondieran positivamente al reforzador comestible y he visto sólo a unos pocos de entre cientos que responden a los elogios al principio, por lo que casi siempre se utilizan comestibles cuando se inicia un programa de conducta verbal. Sin embargo, el plan es mantener los sorbos y los mordiscos muy pequeños, para que no supongan una ingesta excesiva. También puedes probar con agua o zumo rebajado como líquido reforzante de elección. Las bebidas favoritas, así como los caramelos y otras golosinas, o las galletas saladas suelen ser los primeros elementos que se le enseña a pedir con mandos.

Utilizar vídeos como reforzadores

Hay algunos reforzadores no comestibles y fáciles de controlar que también deberás utilizar para ayudar a tu hijo. Uno de los más potentes en esa categoría es el uso de la televisión. A la mayoría de los niños les gusta ver vídeos en una tablet o en la tele. Ahora bien, puede que pienses: primero tengo que alimentar a mi hijo con la comida que prefiere durante todo el día y luego tengo que dejarle ver la televisión. ¿Cuándo aprende algo?

También en este caso, debes recordar que esta programación se basa en principios que funcionan, que permitirán a tu hijo aprender. En este momento sólo estás averiguando cuál es el mejor sistema de recompensas para ayudar a tu hijo a largo plazo. Al igual que con los reforzadores comestibles, se permite ver la televisión o los vídeos en pequeñas dosis. Un par de minutos de trabajo productivo harán que el niño pueda ver su vídeo favorito durante 30 segundos. Es una buena idea disponer de una Tablet que se pueda usar sobre la mesa de trabajo. Si no es posible, coloca el televisor lo más cerca posible de la mesa de trabajo. En cualquier caso, necesitarás un mando a distancia para poder encender y apagar la televisión rápidamente.

También te puede preocupar que tu hijo se enfade cuando se apague su vídeo favorito (sobre todo si es su parte favorita) o que quiera comer más comida que el trocito que le has ofrecido. Más adelante aprenderemos cuál es la mejor manera de proceder con el reforzamiento durante el trabajo, pero ahora mismo vamos a empezar por identificar qué es lo que hará que tu hijo responda.

La mejor manera de hacerlo es observar a tu hijo viendo un vídeo. ¿Le gustan a tu hijo los avances de los vídeos o los créditos del final? ¿Hay partes de los vídeos que reproduce una y otra vez? Anota los detalles de lo que más le gusta a tu hijo.

Examinar las conductas de autoestimulación u otros problemas de conducta para seleccionar reforzadores

Por último, a la hora de determinar los reforzadores más potentes de tu hijo, tendrás que fijarte en su conducta de autoestimulación o en cualquier problema de conducta para identificar las cosas que podrían ser reforzantes. Si tu hijo coge rotuladores y colorea las paredes y las mesas, considera la posibilidad de utilizar papel y lápices de colores o pizarras como reforzador. Si tu hijo se pasa los dedos por delante de los ojos con frecuencia, probablemente esté buscando una estimulación visual adicional. En estos casos, tu hijo podría encontrar reforzante un juguete luminoso que gire. Los niños a los que les gusta dar vueltas hasta que se marean y se caen probablemente responderían a un juguete de sentarse y girar.

Evaluar reforzadores

Ahora es el momento de sacar un papel y hacer unas cuantas categorías de reforzadores potenciales. Enumera todos los alimentos y bebidas que le gustan a tu hijo. Luego escribe en una columna todos los vídeos y canciones que le gustan, indicando las partes favoritas. A continuación, tendrás que hacer una lista de reforzadores breves que puedan suministrarse cuando está sentado en una mesa. Esta lista podría incluir burbujas, una peonza luminosa o un plumero que puedas utilizar para hacerle cosquillas. En una cuarta columna haz una lista de actividades fuera de la mesa que incluyan movimiento. Podría ser rebotar sobre una pelota de pilates, hacer rodar una pelota de pilates encima del niño, empujar al niño en un columpio, enrollar al niño en una manta como un perrito caliente y desenrollarlo rápidamente, sentar al niño sobre tus rodillas, sumergirlo boca abajo o balancear al niño muy rápidamente en una silla.

En algunos casos será necesario que rellenes un cuestionario de reforzadores, observaciones y evaluaciones. Si la persona que más trabaja con el niño no es un cuidador, los padres deben de rellenarlo. También es posible que los profesionales tengan que observar al niño antes de crear una programación. Esto puede ser tan sencillo como darle al niño un Lacasito® o un M&M® y ver si lo toma, u ofrecer un cuenco con patatas fritas y anotar el tiempo que tarda en comerse el contenido.

Cuando tomes nota, es importante que seas específico, ya que los niños con diagnóstico de autismo son bastante fieles a las marcas y quisquillosos. A Lucas sólo le gusta beber leche de un cartón pequeño con pajita, y sólo come cereales con un bol concreto. No funcionaría como reforzador si se los diera en un vaso. Si un profesor te informa de que un reforzador no funciona en la escuela, comprueba que se le da de la forma que tu hijo prefiere. En general, si hay varias personas trabajando con tu hijo (lo que es probable), tendrás que ser muy detallista al describir los reforzadores.

Si alguna vez tu hijo llora, grita o lanza un reforzador, tendrás que volver a comprobarlo para asegurarte de que el reforzador es el objeto apropiado entregado de la forma correcta.

Otra forma de realizar una evaluación de los reforzadores es colocar posibles reforzadores en la mesa de trabajo y ver cuál selecciona el niño y cuánto tiempo juega con él o (en el caso de los comestibles) lo consume primero. Otra opción es poner muchos juguetes, actividades y alimentos diferentes en una habitación o sobre una mesa y luego observar las interacciones del niño con ellos. Puedes registrar las preferencias del niño sin que tú intervengas y también cuando estés presente. Por ejemplo, si Katie se está columpiando y parece feliz, y te acercas a ella y le das un empujón, registra su reacción. ¿Tu intervención hace que la actividad sea más o menos divertida para Katie? Si Bobby está mirando un libro y empiezas a narrar algunas cosas del libro, ¿la actividad es mejor o peor para Bobby? ¿Le refuerza pasar las páginas al azar, o le refuerza que interactúes con él? Si en este momento le gusta el libro solo, ahí es donde debes empezar.

Sin embargo, con el tiempo querrás emparejar al adulto con el reforzador y que al niño le guste escuchar al adulto al hablar. Queremos que las personas (no sólo los tentempiés, los juguetes y las actividades) se conviertan en reforzadores condicionados para el niño, de modo que podamos utilizar elogios y otros reforzadores más naturales, además de los tentempiés y las películas.

Cuando hayas terminado de hacer todas las listas, puedes clasificar los reforzadores según su utilidad. Una vez que conozcas los reforzadores de tu hijo, lo mejor es empezar con algo pequeño y controlable. Puede ser algo que se consuma o que desaparezca tras su uso. Un trozo de caramelo que se come, o soplar pompas para que éstas se disipan rápidamente, son dos buenos ejemplos de reforzadores controlables.

Si esto no es posible, algunos niños prefieren cosas que pueden sujetar o manipular, como un libro o una cuerda, sé muy amable al recuperar el reforzador. Al principio, puede que tengas que cambiar un caramelo para recuperar un libro, o que tengas que permitir que el niño tenga varios reforzadores a la vez. Es imprescindible que el niño vea al instructor o a los padres como una persona que le proporciona todo, no como una persona que lo hace desaparecer. Con el tiempo, al principio de tu programación, el niño aprenderá a dejar el reforzador sin luchar si el adulto recupera el objeto con cuidado y sin agarrarlo.

Si tienes problemas para encontrar reforzadores que funcionen para tu hijo, no desesperes. Simplemente es más difícil con algunos niños que no parecen entusiasmarse con nada. Pero creo que todos los niños y adultos, sea cual sea su nivel de funcionamiento, estarán motivados por algo. Así que puede resultar que la conducta de autoestimulación sea un reforzador al principio de tu programa. Si lo único que motiva a tu hijo es girar o agitar las manos, hay que utilizarlo para desarrollar un reforzador. Esta conducta de autoestimulación será el punto de partida, pero tienes que desarrollar un reforzador que sea similar a ésta pero que puedas controlar. El objetivo es encontrar algo que puedas entregar y sea más atractivo que sus manos o dedos.

Desarrollar reforzadores adecuados a la edad

Como puedes ver, no creo que haya muchos reforzadores tabúes. A menudo recibo preguntas de los padres sobre los gustos de sus hijos. ¿Qué pasa si mi hijo de diez años encuentra que los *Teletubbies* son el vídeo más reforzante? ¿Y si a mi hijo de cinco años le gusta jugar con un juguete para bebés hecho para uno de 18 meses? Yo digo que no te asustes. En primer lugar, fíjate en la edad de desarrollo de tu hijo, no sólo en su edad cronológica. Si un niño de diez años tiene las habilidades lingüísticas de un niño de dos años, no es de extrañar que quiera ver los Teletubbies. Ese programa es apropiado para sus habilidades. Ver los Teletubbies es un reforzador inicial y puedes guiar al niño suavemente hacia reforzadores más apropiados para su edad a medida que adquiera habilidades y confianza. Empieza con los Teletubbies y luego intenta añadir Barrio Sésamo. Con el tiempo, también puedes irte distanciando de Barrio Sésamo y probar ir añadiendo otros videos como *Arturo* o *Bob Esponja.*

Tampoco creo que puedas tener demasiados reforzadores. Créeme, seguirás aumentando el número y el tipo de reforzadores. Si recuerdas las reglas de saciedad y privación, no te sorprenderá saber que tu hijo se saciará de un reforzador concreto, sobre todo si no limitas el acceso a esos objetos.

Lo que nos lleva al siguiente punto. Una vez que hayas identificado los reforzadores de tu hijo, asegúrate de que no tenga acceso ilimitado a ellos. Antes de que empezáramos a utilizar el enfoque de la conducta verbal en nuestra casa, solíamos tener reforzadores esparcidos por el suelo de la sala de terapia. Desde que utilizamos el enfoque Lovaas durante un año, nuestro terapeuta hacía pausas en la enseñanza y le decía a Lucas "vete a jugar". Lucas miraba por la habitación y podía elegir un juguete para jugar durante uno o dos minutos antes de que le llamara para que volviera a la mesa. En un programa de conducta verbal, los reforzadores del niño se guardan en cubos transparentes, bolsas o en lo alto de las estanterías. El niño no debe poder acceder a los reforzadores sin la ayuda de un adulto. Esto obliga a una cierta comunicación entre el niño y el adulto, en la que el niño necesita al adulto y, esperamos, empezará a pensar en él como el dador de todas las cosas buenas.

Emparejamiento del ambiente de aprendizaje con el reforzamiento

El proceso denominado "emparejamiento" es el siguiente paso del programa. El emparejamiento es en realidad el proceso de emparejar el ambiente, las personas y los materiales con los reforzadores ya establecidos del niño. Ya deberías haber identificado los reforzadores de tu hijo y haberlos colocado fuera del alcance del niño en el área de trabajo, para poder controlarlos. El emparejamiento es un proceso continuo y no es algo que pueda hacerse en unos días o en una semana. De hecho, he oído a profesionales decir: "Vamos a emparejarnos durante una semana y luego nos pondremos a trabajar". Esto no es eficaz.

El emparejamiento debe reforzarse durante todo el tiempo que cualquier cuidador o profesional trabaje con el niño, aunque es primordial en una sesión escolar o de terapia, donde las demandas son bastante elevadas.

Es importante recordar que, aunque seas padre o madre, a medida que trabajes con el enfoque de la conducta verbal, descubrirás que te conviertes en uno de los profesores y terapeutas de tu hijo. De hecho, ahora mismo es un buen momento para considerar la posibilidad de crear un espacio de terapia en tu casa. Puede ser tan pequeño como una mesa infantil en un rincón de una habitación, o puede ser una habitación entera o un sótano. Será el lugar donde el niño trabaje y tú tengas los materiales disponibles para enseñarle. Emparejar esta zona con el reforzamiento es la clave.

Lo que buscas en tu área de terapia es un lugar al que el niño quiera ir. Querrás que corra hacia la mesa para hacer el trabajo. Querrás que al final se emocione al ver las tarjetas y otros materiales para el aprendizaje y que se sienta feliz de utilizarlos. Querrás un niño que no muestre problemas de conducta durante las sesiones. ¿Te parece una fantasía?

No lo es. El objetivo de cualquier programa académico es que el niño sea un aprendiz feliz y dispuesto. Eso es lo que buscas también en tu programa en casa. Quieres un niño que quiera estar allí.

Así como hay formas de saber si estás creando ese tipo de ambiente, también hay cosas que indican que no está funcionando. Si, por ejemplo, tu hijo llora y huye fuera cuando el terapeuta llama al timbre, tendrás que replantearte cómo se percibe al terapeuta. O si tu hijo protesta por ir al colegio, esto indica que el ambiente escolar no se ha emparejado con el reforzamiento. En esos casos, tendrás que empezar de nuevo buscando formas de emparejar el profesor y el ambiente con reforzadores.

Cómo emparejar reforzadores

Una vez que hayas identificado los reforzadores, tendrás que encontrar formas de asociarte a ti mismo (o a quien trabaje con tu hijo), así como a la sala y los materiales, con estos elementos de interés. Esto se llama "emparejamiento" y el proceso es sencillo y divertido. El adulto debe tener a mano varios de los reforzadores fuertes del niño y debe acercarse a él y darle los reforzadores sin exigirle nada. Al principio, si el niño tiene aversión al profesor o al terapeuta, puede que no coja el reforzador de la mano del adulto. En este caso, el adulto debe empezar poniendo un trozo de patata al lado del niño o encendiendo el televisor y levantándose de la mesa. De este modo, el niño toma la patata y se la come o ve la televisión solo. A continuación, el profesor trabaja de forma gradual hacia el objetivo de que el niño tome el reforzador en su presencia. Algunos niños necesitan más trabajo en este aspecto que otros. No te lo tomes como algo personal. Sólo significa que tendrás que trabajar más duro y más despacio para ganarte la confianza del niño.

Si tu hijo te coge un reforzador, empieza por entregárselo, permaneciendo en silencio. Cuando lo tome sin problemas, empieza a emparejar tu voz con la presentación del objeto, etiquetándolo. Cuando le estés entregando el reforzador, dile: "Patata, patata... aquí Jimmy, una patata".

Continúa así hasta que el niño tolere que te acerques a él y le ofrezcas el objeto. Una vez alcanzado ese nivel de comodidad, el siguiente paso es colocar los reforzadores en la mesa de trabajo, a poca distancia del niño, y ver si éste se acerca a ti. Puede ser tan cerca como acercarse al objeto desde su asiento. Cuando empiece a acercarse, entrégale el reforzador sin exigirle nada. En este momento, el niño no necesita decir ni firmar nada.

A medida que pasa el tiempo, el terapeuta puede alejar los objetos cada vez más del niño, de modo que éste tenga que levantarse de lo que está haciendo y dar unos pasos hacia el terapeuta. Tal vez quieras invertir en una bata con bolsillos para llevar los reforzadores contigo en todo momento. De este modo, el niño aprende que el adulto que trabaja con él tiene acceso a todas las cosas que le gustan y se las entregará a menudo sin exigirle ningún trabajo.

El uso de reforzadores y el emparejamiento del profesor con ellos es el primer paso esencial de un programa de conducta verbal. Es lógico que un niño tenga que acercarse a un profesor con ganas de aprender. En este punto inicial del programa es demasiado pronto, en realidad, para plantear demandas al niño. Si tienes dificultades con el emparejamiento, probablemente tendrás que reevaluar los reforzadores que utilizas y asegurarte de que el propio ambiente se empareja con el reforzamiento.

Algunos niños, alrededor de la mitad con los que he trabajado, son muy fáciles de emparejar, y el trabajo puede comenzar con relativa rapidez. Una vez que el niño se acerca a ti, al profesor o al terapeuta, y parece contento, es el momento de que el profesor empiece a interactuar con el niño. Puede empezar narrando lo que hay en la televisión o haciendo cosquillas al niño, haciéndole rebotar sobre sus rodillas o cantándole canciones. También es importante emparejar los objetos o actividades menos preferidos con reforzadores fuertes. Así, si a Katie le encanta el columpio, pero no parece gustarle especialmente que le canten, el emparejamiento de estas dos actividades puede condicionar el canto para que sea más preferido en el futuro.

Reducir las demandas

Si has descubierto que es fácil llevar a cabo el emparejamiento, recuerda mantener las demandas muy bajas al principio. El mayor error que veo que comete la gente cuando trabaja con niños "fáciles de emparejar" es que pasan a las demandas demasiado rápido. Cuando el trabajo comienza, y debe comenzar una vez que el niño se acerca felizmente al área de trabajo, es importante que el niño no sepa realmente que está trabajando. Si el niño nota la transición entre el reforzamiento "puro" y el trabajo, debemos reducir esta diferencia.

¿Cómo sabrás cuándo es el momento de empezar a trabajar? Tendrás que observar la conducta de tu hijo cuando empieces a introducir lentamente las demandas. Antes de plantear cualquier demanda, el niño debería acercarse a la zona de trabajo y sentarse amablemente durante al menos unos minutos. El niño debe ser capaz de tolerar tu voz (o la del terapeuta), así como ligeros toques en sus brazos y espalda.

Lo primero que hay que hacer es pedirle al niño que aprenda a decir o mandar un reforzador concreto. Empieza con el objeto absolutamente favorito de tu hijo.

Esto sentará las bases para emitir mandos, con los que empezarás a trabajar, una vez que el ambiente esté adecuadamente emparejado con el reforzante. También puedes trabajar la imitación con juguetes, igualando objetos idénticos y llevando a cabo puzles sencillos. Puedes consultar los resultados de tu evaluación de la conducta verbal para idear algunas demandas que le resulten muy fáciles.

El objetivo de estas actividades es mostrarle lo fácil que es conseguir un reforzamiento, provocando ganas de aprender.

El programa de reforzamiento de razón variable

Mientras trabajas en el emparejamiento de reforzadores y en las demandas sencillas, tendrás que conocer el programa de reforzamiento de razón variable (RV). La RV es el número medio de respuestas correctas que muestra el niño entre la entrega de reforzadores. Al principio le ofrecerás reforzadores sin demandas. Luego empezarás a aumentar gradualmente las demandas, proporcionando el reforzador después de cada respuesta correcta. Esto se llama "razón de reforzamiento continuo". Luego pondrás en práctica un programa de RV.

A diferencia de un programa de reforzamiento fijo, un programa de RV es útil porque el niño no sabe cuándo llega el reforzador, aunque sólo habrá unas pocas demandas antes de que se presente un reforzador potente. Se ha demostrado que este tipo de programas produce una respuesta fuerte y constante a lo largo del tiempo.

Un programa de RV lo planifica el adulto y se incrementa de forma gradual a lo largo del tiempo. Un RV de dos significa que se puede exigir al niño que realice una, dos, tres o cuatro tareas antes del reforzamiento, siempre que el número medio de respuestas durante una sesión de trabajo sea igual a dos. Cada conjunto de tareas se denomina "ensayo" término acuñado por Holly Kibbe y Cherish Twiggs (2001). El primer ensayo utilizando una razón variable de dos podría ser de tres antes del reforzamiento y luego el siguiente ensayo incluiría sólo una demanda antes del reforzamiento.

Por ejemplo, si el niño está en una RV de tres, puedes tener una serie de actividades en las que el niño realice cuatro tareas antes del reforzador, mientras que la siguiente serie sólo tiene dos tareas. El promedio sería el número tres.

Aquí tienes ejemplos de una serie de actividades con una razón variable de tres. Dale al niño una ficha antes de empezar a trabajar, como reforzador.

Luego, di "Toca la nariz"; el niño cumple (primera respuesta). Señala una taza y di "¿Qué es esto?", el niño responde adecuadamente (respuesta dos). Señala una foto de un perro y di "¿Qué es esto?": el niño responde diciendo "perro" (respuesta tres). Di "Levántate": el niño se levanta (respuesta cuatro). A continuación, di: "Vamos a saltar al trampolín", lo que le supone al niño obtener un reforzador potente. En este caso, el número de respuestas para el recorrido (el curso de respuestas correctas entre reforzadores) es de cuatro.

El niño se sube al trampolín con el terapeuta cogiéndole las manos y haciéndole rebotar (reforzamiento). A continuación, inicia la siguiente serie y canta: "Diez monitos saltando en la..." y el niño responde "cama" (primera respuesta). El adulto detiene al niño en el trampolín y dice "salta" (respuesta dos); y entonces el niño obtiene el reforzamiento de saltar. El número de respuestas de este ensayo es dos. La media de los dos ensayos anteriores es de tres.

El aumento del programa de RV debe hacerse de forma lenta y cuidadosa, y debe ajustarse en función del rendimiento del niño. Si el niño tiene problemas de escape en la mesa de trabajo, tendrás que bajar la RV antes de que empiece la sesión. Algunos niños necesitan una RV más baja los lunes o cuando han tenido un descanso de la escuela. Si el niño no coopera en la mesa, ya sea por su agresividad, su conducta autolesiva o su comportamiento autoestimulante, la RV es casi siempre demasiado alta. Puede ser necesario retroceder al emparejamiento puro. A menudo, dar un gran paso atrás y ser más cuidadoso a la hora de plantear demandas dará sus frutos a largo plazo.

Como ocurre con todas las partes del enfoque de la conducta verbal, todos los que trabajan con el niño deben conocer y aplicar el mismo programa de RV. Recuerda también que el buen trabajo debe ser recompensado y que, si un niño trabaja bien en una tarea, no debe ser penalizado con un aumento de la RV durante esa sesión. La RV debe aumentarse gradualmente a lo largo de días o semanas, no durante una sesión.

Llevar un seguimiento de la RV te ayudará a calibrar cuándo trabaja mejor tu hijo y es una forma especialmente buena de tratar los problemas de conducta en la mesa de trabajo. Tanto los padres como los profesionales no siempre se dan cuenta de cuándo están exigiendo demasiado a un niño. Los problemas de conducta durante la enseñanza intensiva son casi siempre un indicador de ello. Los adultos pueden pensar que están haciendo participar al niño y jugando con él, cuando en realidad su juego está lleno de demandas sin reforzamiento. Un programa de RV mantiene a los adultos en la tarea porque les hace conscientes de las demandas que están haciendo al niño.

Este capítulo te ha mostrado formas de definir y utilizar el reforzamiento para ayudar a tu hijo a aprender. El reforzamiento es tan esencial para el enfoque de la conducta verbal, que si no consigues que el profesor de la escuela de tu hijo, el terapeuta o el asesor se convenzan de que tu hijo necesita algo más que un "Buen trabajo" ocasional durante el día, tu programa fracasará.

He observador que algunos maestros se resisten a la idea de utilizar comestibles o videos en el aula como reforzador. Debemos recordar que no son los adultos los que eligen el reforzador, sino los niños. Sin embargo, los profesores se quejan de que los juguetes o los vídeos molestarán a los demás niños, y de que no es justo que sólo un niño reciba caramelos a lo largo del día. Por desgracia, es imposible que un programa de conducta verbal siga adelante sin que todo el mundo comprenda y adopte el concepto de reforzamiento. Trabaja con el profesor y los cuidadores de tu hijo tanto como sea necesario para ayudarles a entender lo esenciales que son estos elementos para el crecimiento académico y personal de tu hijo.

Un sistema de reforzamiento potente e individualizado es imprescindible para cualquier programa de conducta verbal ya sea en casa o en el ámbito escolar. Y una vez establecido, es el momento de empezar el verdadero trabajo de este programa: enseñar a tu hijo a comunicarse contigo.

CAPÍTULO 5

Producción de mandos

Cuando Lucas tenía dos años no hablaba mucho y le diagnosticaron un retraso en el lenguaje. Inmediatamente comenzó sesiones de logopedia (también llamada terapia del lenguaje o fonoaudiología). Aunque no sabía que tenía autismo, quería que tuviera las mejores oportunidades disponibles y quería ayudarle todo lo posible.

Asistí a sus sesiones semanales de logopedia y no tardé en pedir a su logopeda herramientas que pudiera utilizar en casa para ayudarle. Para mi sorpresa, no pudo recomendarme ni un solo libro, sino que me animó a observar lo que hacía en las sesiones y a reproducirlo en casa. No podía imaginar que no hubiera recursos para los padres, así que investigué un poco y encontré *It Takes Two to Talk*, que explica el *Método Hanen* (Manolson, 1992/2007).

Siendo sincera, en ese momento no buscaba un libro que describiera cómo ayudar a hablar a los niños con autismo, ya que todavía estaba obcecada en mi negación con respecto a la posibilidad de dicho diagnóstico. Si estás leyendo este libro y tu hijo tiene un retraso en el lenguaje, pero aún no ha sido diagnosticado de autismo (y puede que nunca lo sea), aplaudo tu valentía al leer todos los libros que puedan ayudar a tu hijo. Estas intervenciones concretas también ayudarán al desarrollo del lenguaje en los bebés de desarrollo normal. Una amiga mía me sugirió que incluyera tratamientos para el autismo para mi hijo cuando le diagnosticaron un retraso en el habla, pero no le hice caso porque me asustaba la posibilidad del autismo. De hecho, si Lucas sólo hubiera tenido un retraso del lenguaje, el tratamiento del autismo mediante el análisis aplicado de conducta (ABA) le habría ayudado más que la logopedia sola.

Algunas de las sugerencias de *It Takes Two to Talk* incluían colocar objetos en estantes altos, sabotear rutinas y etiquetar palabras sueltas una y otra vez. Esas técnicas funcionaron como magia para Lucas, que más que duplicó su vocabulario y empezó a pedir objetos con más frecuencia. La logopeda de Lucas tenía una formación lo suficientemente amplia como para saber que cuando se enseña a los niños a pedir cosas, aprenden más rápido y se comportan mejor. Pero no tenía ni idea de emparejar el ambiente con el reforzamiento ni de aligerar las demandas gradualmente. De hecho, ni siquiera sabía lo que era un programa de reforzamiento de razón variable (RV) hasta que Lucas tuvo seis años, más de cuatro después de que empezara la logopedia.

Durante las sesiones de logopedia, la terapeuta empezaba con una actividad divertida, como soplar burbujas, y luego intentaba que Lucas pidiera más burbujas. Era su forma de enseñarle a mandar, a hacer una demanda o una petición. Esta estrategia tenía éxito, pero luego pasaba rápidamente a la toma de turnos y a conceptos abstractos como responder sí o no a una pregunta, o utilizar preposiciones y pronombres y plurales. Lucas estaba contento con las burbujas y el emitiendo mandos, pero una vez que las sesiones iban más allá, su conducta descendía rápidamente.

Emitir mandos forma parte del enfoque de la conducta verbal (VB). Se basa en la satisfacción de una necesidad y, como se ha dicho antes en este libro, se basa en la motivación. El niño debe estar motivado para pedir algo, ya sea por hambre o por un deseo de otro tipo. El niño desea un zumo, lo manda y lo recibe. Emitir mandos tiene un beneficio positivo inmediato, ya que, durante esta terapia, un mando siempre se refuerza inmediatamente: el objeto o la actividad se entregan inmediatamente.

Los problemas de conducta, según el Dr. Mark Sundberg y otros expertos en conducta verbal, están casi siempre causadas por un defecto de mandos, es decir, por la incapacidad de dar a conocer sus necesidades. Esto es cierto en todos los casos. Muéstrame a un niño pequeño, o incluso a un adulto, con un problema de conducta y te mostraré a alguien que no ha aprendido a hacer mandos eficazmente los objetos, las acciones o la información que desea.

El lenguaje vocal no es la única forma de satisfacer las necesidades. Los bebés utilizan el llanto con tal perfección que muchos padres dicen que pueden distinguir entre un llanto por comida o un llanto por un cambio de pañal. A mí nunca se me dio bien esa habilidad, pero sí me di cuenta de que, si uno de mis hijos lloraba, necesitaba algo. El llanto es el primer mando de un recién nacido y una habilidad esencial para la supervivencia. A medida que los bebés crecen, sus demandas se vuelven más específicas y sus habilidades para emitir mandos tienen que estar a la altura. Un bebé de seis u ocho meses quiere que le cojan en brazos, o quiere zumo en lugar de leche, y de alguna manera desarrollará un sistema de comunicación para conseguir satisfacer esas nuevas necesidades. Un niño típico aprenderá a señalar o a extender los brazos o a emplear algún otro gesto. Un niño con diagnóstico de autismo u otro trastorno del desarrollo puede que no desarrolle esas habilidades gestuales y esto es, de hecho, un síntoma distintivo del autismo: No señalar a los 18 meses de edad. En su lugar, es probable que continúe el llanto, y así comienza un patrón de llanto y rabietas en un niño que no puede comunicar sus necesidades.

Enseñar a un niño a emitir mandos es una habilidad esencial para que tu hijo aprenda alguna vez a comunicarse contigo, así que asegúrate de tener recopilados reforzadores muy fuertes y un área de trabajo que esté emparejada con reforzadores antes de empezar. Vuelve a leer el capítulo 4 si necesitas ayudas sobre cómo hacerlo. También necesitarás saber que motivaciones tiene tu hijo. Esto suele indicarlo el hecho de que alcance un objeto de la mesa (como una galleta o un zumo) o que te coja de la mano y te lleve a un objeto o a una actividad. Algunos niños señalan sus deseos o utilizan vocalizaciones no específicas para indicar su deseo de algo.

Utilicemos el ejemplo de Timmy, un niño de cuatro años, recientemente diagnosticado de autismo. Sus padres están ansiosos por empezar un programa ABA-VB. Timmy puede decir algunas palabras, pero no emite mandos para nada, aunque los objetos que desea estén a la vista. Dado que emitir mandos para objetos que están a la vista es más fácil que emitir mandos para acciones u objetos que no están a la vista, nos centraremos en enseñar a Timmy a emitir mandos vocales para objetos que están a la vista (en el próximo capítulo se expondrán otras estrategias para los niños no vocales).

Timmy es capaz de tactar (etiquetar) objetos, como pelota, libro, cama o avión. Los reforzadores favoritos de Timmy son las patatas fritas, los caramelos, el zumo, el agua, los libros y vídeos de Barney el dinosaurio, columpiarse en un columpio, saltar en un pequeño trampolín y rebotar en una gran pelota de ejercicios. Sus padres han comprado una pequeña mesa de tamaño infantil, la han colocado en la sala de estar, cerca de la televisión, y han contratado a una terapeuta con poca experiencia para que trabaje con él tres veces por semana. Timmy ha mostrado poco interés por sentarse en la mesa y se resiste a ir a ella, si se lo indican su terapeuta o su madre. Completa puzles en el suelo y le gusta alinear e igualar coches, pero no le gusta que un adulto intente intervenir cuando está jugando. Tanto su madre como su terapeuta creen que están preparados para empezar a enseñarle a hacer mandos. ¿Verdad? Pues no.

En este caso, hay algunas cuestiones que hay que abordar antes de empezar a enseñarle a emitir mandos. En primer lugar, el ambiente no está suficientemente emparejado con el reforzamiento para que el programa tenga éxito. Apresurarse en el programa es realmente uno de los errores más comunes que veo cuando los profesionales y los padres intentan establecer programas de conducta verbal. Si te precipitas en las demandas, tu hijo no reaccionará bien a lo que está ocurriendo. Es un problema tan frecuente que lo veo en casi todas las consultas domiciliarias y escolares que hago.

No puedes tener demasiados reforzadores en el ambiente. Antes de empezar a plantear una sola demanda a tu hijo, tendrás que asegurarte de que corre hacia el terapeuta y de que se alegra de estar cerca de la gente en el suelo o en la mesa. Debería alcanzar los objetos preferidos y tomar los reforzadores que se le dan sin que se le exija nada. Ahora es cuando querrás empezar a emitir mandos.

Para empezar, fíjate bien en las palabras que Timmy ya dice y analízalas para ver cuáles podrían ser buenos primeros mandos. Dado que Timmy puede tactar (etiquetar) la pelota y el libro, y que dos de sus reforzadores son rebotar en una pelota y mirar los libros de Barney el dinosaurio, esos dos mandos deberían estar entre los primeros que le enseñes. La mayoría de los alumnos de primaria deberían aprender de tres a cinco mandos al principio. Como Timmy ya puede decir algunas palabras, yo empezaría con cinco mandos en su caso.

No te centres en un solo mando a la vez, ya que se generalizará demasiado. Por ejemplo, si tu hijo aprende el mando "película" y consigue ver un trozo de película después de cada mando para película, acabará aprendiendo que siempre que quiera ver la película, tiene que decir "película". Pero, si a este niño sólo se le enseña un mando, también podría generalizar en exceso su uso pidiendo "película" cuando quiera otras cosas, como zumo o pelota. Por eso es esencial que le enseñes de tres a cinco mandos a la vez.

Otro error que cometen algunos al enseñar a los niños los mandos es utilizar palabras como "más" y "por favor". Se trata de palabras que suelen enseñar pronto las personas sin experiencia en un enfoque de conducta verbal ABA-VB. Los niños aprenden que, si quieren algo, pueden mandar "más" y se les entregará. Pero no están aprendiendo el mando real de un objeto. Palabras como "por favor" y "más" son conceptos abstractos que un niño con problemas de lenguaje probablemente no entenderá. En lugar de ello, quieres enseñar al niño a emitir mandos por un objeto real que está a la vista y que, con el tiempo, se perderá de vista, con la esperanza de que tu hijo sea capaz de emitir mandos, por ejemplo, por un helado, cuando esté en el congelador. Eso nunca ocurrirá, si Timmy está aprendiendo "más", ya que el helado estará fuera de la vista y el adulto no tendrá ni idea de lo que Timmy quiere "más".

Además, no querrás pedirle a un niño con retraso en el lenguaje que pida cosas con frases completas. Si tu hijo quiere una galleta y dice "galleta", lo apropiado es entregarle la galleta. La mejora no debe medirse por la longitud de las frases de tu hijo, sino por el número de necesidades y deseos diferentes que es capaz de comunicar mediante palabras o signos. La combinación de palabras debe llegar cuando tu hijo tenga bastante soltura para pedir muchos objetos que están fuera de su vista. Una vez conseguido esto, puedes empezar a trabajar con frases de dos o tres palabras que le ayuden a identificar un objeto, como un caramelo rojo, una galleta de chocolate o una galleta de azúcar. Las palabras se irán añadiendo de una en una, y deberán añadir significado a la frase para ayudar al niño a especificar más sus necesidades.

Ahora que sabes lo que no debes hacer, estás preparado para empezar a enseñar a Timmy a hacer mandos. Has seleccionado algunos mandos objetivo, como el de la pelota y el del libro. Como ya sabes que Timmy puede decir esas palabras y que son reforzantes para él, debería ser fácil enseñarle a hacer mandos por ellas. Es importante que las tareas sean fáciles al principio.

Además de la pelota y el libro, tendrás que elegir dos alimentos. Como regla general, es conveniente elegir un par de alimentos y un par de actividades como primeros mandos. No elijas cinco alimentos, porque deberás ir emitiendo mandos a lo largo del día a medida que tu hijo quiera participar en diferentes actividades. Si todos los mandos iniciales son alimentos, sólo podrás enseñarle a emitir mandos a la hora de la merienda.

Vuelve a mirar la lista de reforzadores de Timmy y considera la disponibilidad de sus reforzadores comestibles. Los artículos difíciles para los primeros mandos serían cosas como las patatas fritas, el beicon o el helado, que serían difíciles de emitir a lo largo del día porque tendrían que mantenerse calientes o fríos. Como los dulces y las patatas fritas están en su lista de reforzadores y son fáciles de dar, yo elegiría esos productos. Añadiría el zumo como quinto elemento, ya que parece preferirlo al agua.

Cuando decidas qué mandos elegir al principio, imagina que estás en un país extranjero donde no conoces el lenguaje. ¿Cuáles son las primeras palabras que querrías aprender para poder satisfacer tus necesidades? Querrías aprender a pedir el baño, agua, pizza, comida, un taxi, un tren o un hotel. Lo mismo ocurre con tu hijo, que necesita aprender las mejores palabras para satisfacer sus necesidades.

Así pues, estos son los cinco mandos a los que nos dirigimos: pelota, libro, patatas fritas, caramelo y zumo. Estas son las primeras palabras que enseñaremos a Timmy a utilizar para pedir objetos.

Aquí tendrás que tener en cuenta que, mientras que un niño de desarrollo típico aprenderá a hacer mandos tras unos pocos ensayos, a un niño con trastorno del desarrollo le puede costar cientos o miles de ensayos aprender a pedir. Tu trabajo consiste en asegurarte de que tenga muchas oportunidades de hacerlo a lo largo del día. De hecho, tu objetivo será dar a tu hijo cientos de oportunidades al día para mandar. Esto significa que tendrás que crear un ambiente en el que tu hijo se sienta motivado para pedir cosas una y otra vez.

Los mandos deben emitirse a lo largo del día, pero también es importante reservar varias sesiones de mandos a lo largo del día. Para emitir mandos, tendrás que tomar uno de los reforzadores (patatas de bolsa, por ejemplo) y dividirla en trozos pequeños. Diez patatas fritas pueden dividirse en cuatro trozos cada una, y una galleta en diez trozos, y podrás organizar una sesión de mandos en la que tu hijo tenga un total de 50 oportunidades de hacer mandos por dos objetos que le gustan. Una sesión de emisión de mandos puede durar tan sólo dos minutos, o hasta media hora. Se trata de un tiempo en el que te centras completamente en conseguir que tu hijo emita mandos, y la sesión también te permitirá hacer más emparejamientos con tu hijo.

Para preparar una sesión de mandos, tendrás que reunir los cinco reforzadores y elegir el lugar donde tendrá lugar la sesión. Puede ser en el suelo o en la mesa de trabajo, lo que prefiera el niño. Pon las patatas y los caramelos en bolsas transparentes, para que el niño pueda verlos. Coloca un vaso pequeño sobre la mesa, además de un recipiente con zumo. Esto te permitirá verter y darle pequeños sorbos de zumo a Timmy.

Si has elegido reforzadores potentes y has emparejado el área de trabajo con reforzamiento, tu hijo debería acercarse a ti cuando vea cinco de sus cosas favoritas colocadas delante de ti. Probablemente indicará cuál quiere primero. Puede empezar a saltar con la pelota o a tomar la bolsa de patatas fritas. Como no puedes obligar a un niño a hablar, tendrás que utilizar un método algo rebuscado para conseguir que Timmy haga mandos. Probablemente, Timmy se unirá a la sesión de mandos voluntariamente porque ve que sus reforzadores más potentes están disponibles y puede empezar a saltar con la pelota. Debes agarrarle las manos y empezar a saltar más alto, ya que sabes que esto le gusta. Cuando esté claro que se divierte saltando en la pelota (y te anime a continuar) di la palabra “pelota” tres veces, muy claramente. Espera uno o dos segundos entre cada palabra.

No te preocupes de que esté saltando en la pelota y de que pueda confundir la palabra “saltar” con la palabra “pelota”. Te basas en el hecho de que Timmy ya puede decir la palabra “pelota”, y ése es tu punto de partida. Después de que tu hijo haya estado saltando encima de la pelota alegremente durante un minuto más o menos, utiliza tus manos, que ya están tocando las de Timmy, para frenarle lo suficiente como para que deje de moverse. Ahora que el reforzamiento ha cesado, querrás emparejar rápidamente la palabra “pelota” (tres veces) una vez más. Y luego empieza a rebotar con él.

Si en algún momento de esta sesión Timmy se hace ecoica o dice la palabra "pelota" de forma espontánea, tienes que hacerle botar inmediatamente con fuerza, colmándole de elogios y reforzamientos, mientras le dices: "¡Bien dicho pelota!" "Pelota, pelota... Timmy ha dicho pelota", u otras frases similares.

Es importante que las demandas sean muy ligeras y muy sencillas al principio. No utilices frases como "Si quieres rebotar en la pelota, tienes que decir PELOTA... di PELOTA". Esto es una gran demanda, aunque a ti no te lo parezca. Para Timmy es casi imposible de procesar y le indicará claramente que el reforzamiento ha cesado y el trabajo ha comenzado. Por el momento, las sesiones de mandos se parecerán mucho a las sesiones de emparejamiento avanzadas, en las que el instructor emparejará el nombre del objeto dos o tres veces, al entregar el reforzador.

Es posible que Timmy no vocalice la pelota en absoluto durante la sesión de mandos, y eso está bien. Sigue con ello hasta que Timmy pierda el interés por la pelota o quieras pasar a otro mando. Para algunos niños que tienen un reforzador que es su favorito (un diez en una escala de uno a diez), puede ser necesario retirar ese reforzador del área de trabajo si quieres pasar a otro elemento. Las sesiones de mandos también deben llevarse a cabo cuando Timmy tenga hambre, para que se sienta motivado a pedir los alimentos que tienes para él.

He aquí una estrategia para mezclar los reforzadores durante una sesión de mandos cuando un reforzador es el claro favorito: Dale a Timmy una patata y nombra el objeto tres veces mientras está sentado sobre la pelota y luego acerca la pelota a la mesa, para que no tenga que bajarse de ella para trabajar con otros objetos. En este caso, la pelota servirá de silla para Timmy mientras aprende. Hagas lo que hagas, no le arrastres de la pelota a la mesa, ya que esto anulará todo el emparejamiento que has hecho. Si está realmente motivado por la pelota y no por los otros mandos que tiene como objetivo, no podrás trabajar los otros elementos. Como he dicho antes, el mando debe ir siempre precedido de la motivación.

Sigue un proceso similar con los demás elementos. Cuando enseñes a Timmy a emitir mandos para conseguir su libro de Barney el dinosaurio, trabaja simplemente con la palabra "libro". Una vez que Timmy haya adquirido varios mandos, puedes hacer que pase a frases de dos palabras fundamentales, como "rebota/salta en la pelota", o "rueda la pelota", o "libro de Barney" en lugar del "libro del perro".

Una vez que Timmy haya emitido mandos espontáneamente para uno de sus objetivos, puedes añadir un objetivo adicional a la lista. Cuando selecciones objetivos adicionales, asegúrate de seguir mezclando los tipos de mandos con los alimentos, los objetos y las actividades, y elige una palabra como respuesta objetivo para cada mando. ¿Pero qué pasa si no funciona? ¿Y si has hecho cientos de ensayos con sus reforzadores favoritos y Timmy sigue sin emitir mandos? Eso ocurre, pero hay una estrategia. Tendrás que empezar a emparejar las palabras con el lenguaje de signos; esto se trata ampliamente en el siguiente capítulo. No te preocupes de que tu hijo no hable nunca. El lenguaje de signos es una estrategia que puede ser fácilmente provocada y a veces es todo lo que el niño necesita para establecer la conexión entre la palabra y el mando.

La buena noticia es que, en la mayoría de los casos, con niños como Timmy, que pueden decir algunas palabras vocalmente, el emparejamiento y las sesiones frecuentes de mandos dan como resultado la emisión de mandos para objetos. Cuando tenga varias docenas de palabras que pueda emitir mandos a la vista, empezarás a trabajar en emitir mandos para objetos que no están a la vista. La mejor manera de empezar a trabajar en ello es seleccionar acciones que estén siempre fuera de la vista. "Empujar" en un columpio, por ejemplo, o "cosquillas", "abrir" o "mover" también funcionan bien. Cuando se desvanezcan los objetos reales fuera de la vista, asegúrate de hacerlo muy gradualmente, dando primero a Timmy una patata frita y haciendo que la pida unas cuantas veces. Una vez que lo haya hecho unas cuantas veces, pero siga queriendo más, puedes poner la bolsa debajo de la mesa o dejarla detrás de algún objeto. Si Timmy no la pide una vez que está fuera de su vista, puedes mostrársela rápidamente, o indicarle verbalmente, y luego entregarle la patata.

¿Cómo sabes si estás haciendo progresos con Timmy? Es importante recoger datos, para que sepas cuánto está aprendiendo. Esto es estupendo para él, pero también para ti. A veces puede parecer que no vas muy lejos, pero podrás acceder a tus datos y saber realmente lo que habéis avanzado Timmy y tú.

La recogida de datos es muy importante para todas las áreas del enfoque de la conducta verbal, y te alegrarás mucho de haberlo hecho, a medida que el programa progrese y se vuelva más sofisticado. Puedes utilizar el mismo contador de clics que utilizabas para hacer un seguimiento del problema de conducta para ayudarte a monitorizar los progresos. Puedes comprar unos cuantos contadores de clics en cualquier tienda de material de oficina, o en www.difflearn.com. Querrás tener un par a tu alrededor para las diferentes programaciones a lo largo del día. Todos deben recoger datos durante las sesiones de mandos haciendo clic en un contador cada vez que el niño produzca un mando. Puedes anotar el número de mandos obtenidos junto al tiempo que ha emitido mandos. Después, vuelve a borrar el número del contador a "0" para preparar la siguiente sesión.

Una vez que te hayas acostumbrado a contar los mandos, también puedes utilizar dos mandos al mismo tiempo durante las sesiones de mandos y hacer un seguimiento de los mandos provocados en un mando (en el que tú dices patata y él hace la ecoica) y de los mandos independientes (en el que él dice patata sin ayuda verbal). Al principio, deberás dar ayudas a los mandos al menos el doble de veces que el número de mandos independientes. Otra opción, en lugar de utilizar inicialmente los mandos, es hacer simplemente una hoja de recuento con los cinco mandos objetivo y marcar la palabra cada vez que se emite un mando (véase la Tabla 5.1).

Tabla 5.1 Hoja de registro de mandos

Fecha: 6 de julio	**Periodo: 15 minutos**	
	Con ayuda	**Independiente (objeto a la vista)**
Pelota	I I I I I I	I I I
Libro	I I	I I I I I I I
Ficha	I I I I I I I I	I
Caramelo	I I	I I I I I I
Zumo	I I I I I I	I

En cualquier caso, tendrás información que te permitirá saber si tu programación está funcionando y cómo. Si eres algo competitivo, te dará un incentivo adicional para aumentar el número de mandos cada día o cada semana. Antes de pasar a emitir mandos de mayor nivel, tienes que asegurarte de que la base del lenguaje de tu hijo es sólida. Puede que pasen años antes de que tu hijo esté preparado para emitir mandos para cosas como "atención" o "información", pero se comunicará contigo mucho antes. Anímate, pues será un proceso que durará toda la vida para ti y para tu hijo.

Sin embargo, cuando tu hijo esté preparado para pasar al siguiente paso, querrás empezar a enseñarle conceptos más sofisticados. Recuerda ir a su propio ritmo para que el reforzamiento siga siendo alto. Una vez que tu hijo emita mandos para muchos objetos, acciones y actividades, tanto dentro como fuera de la vista, puedes pasar a emitir mandos que incluyan la petición de atención. Éstas incluyen frases como: "Oye, mira esto" o "Mira lo que he hecho" o "Mira, hay una vaca". Esto es complejo porque, como hemos aprendido antes, tiene que haber una motivación para que una palabra o una frase sea un mando. Timmy tiene que querer tu atención y pedirla, para que sea un verdadero mando. Mientras que es bastante fácil crear una motivación para los comestibles, es mucho más difícil conseguir que tu hijo quiera que mires a una vaca.

Otro mando que tu hijo acabará aprendiendo es emitir mandos para obtener información. Emitir mandos para obtener información incluye peticiones como: "¿Dónde están mis zapatos?", "¿Qué hay en la bolsa?" o "¿Cómo has hecho eso?". Emitir estos mandos de información también es difícil, pero se puede hacer. Recuerda de nuevo que debes ir despacio. Tendrás que trabajar con reforzadores para incitar al niño a querer saber algún tipo de información. Por ejemplo, puedes colocar varios de sus reforzadores favoritos en una bolsa opaca y luego agitarla para atraer al niño. Cuando el niño intente asomarse a la bolsa para ver lo que hay dentro (eso sería la motivación), tendrás que incitar a Timmy a decir "¿Qué?" o "¿Qué hay en la bolsa?" y luego darle la información dándole la bolsa y dejando que extraiga su reforzador.

Una vez que tu hijo emita mandos para satisfacer sus necesidades, es probable que veas una mejora en su conducta. Si no es así, tendrás que volver a tu lista para ver si has incluido las cosas que necesita y quiere y para asegurarte de que tu ambiente es lo más rico posible. Tu hijo lo conseguirá.

Ahora es el momento de pasar a otras operantes verbales que mejorarán las habilidades de comunicación de tu hijo. Puede que hasta ahora no parezca gran cosa, pero creo que te alegrarás cuando veas que tu hijo es capaz de comunicarse; incluso con mandos de una sola palabra. Es muy probable que sea música para tus oídos. ¡Tu hijo te está hablando! Mantengamos el impulso.

CAPÍTULO 6

Aumentar y mejorar el habla en niños no vocales o mínimamente vocales

Habrá ocasiones en las que puedas hacer todo bien y, aun así, tu hijo no hable. En el capítulo 5 describí técnicas con las que puedes empezar a enseñar a tu hijo a hacer mandos utilizando algunas palabras habladas.

Volvamos a Timmy del capítulo 5 e imaginemos que, aunque le has oído decir algunas palabras, no responde al programa y no emite mandos vocales, incluso con el objeto a la vista y después de haberle proporcionado un modelo de voz tres veces durante cientos de ensayos.

Hay algunos niños que no emiten mandos por mucho que trabajes con ellos, o por mucho reforzamiento que les des. Te darás cuenta muy pronto de si éste es el caso de tu hijo, y si lo es, tendrás que pasar a otro plan. No querrás reforzar constantemente a un niño que no aprende. Las reglas del reforzamiento son que una conducta que se refuerza aumentará; por tanto, si estás premiando a Timmy por no hablar o no comunicarse, se reforzará su silencio.

Es confuso, lo sé, pero existen sistemas para ayudarte a que tu hijo se comunique, aunque no sea vocalmente. Si tu hijo no ha hablado nunca, o si has intentado que haga mandos vocales y no los ha llegado a utilizar, debes empezar por utilizar una programación no vocal.

Es imposible obligar a alguien a hablar, por lo que dar ayudas vocales es inútil. Si le dices a tu hijo "Di gato" y no responde, no hay forma de forzar el aire a través de sus cuerdas vocales para que cree la palabra. Sin embargo, puedes ayudarle a hacer señas con la palabra "gato", o señalar una imagen de un gato. Hay varias estrategias eficaces para aumentar las posibilidades de conseguir que tu hijo no vocal hable. Estas estrategias también ayudarán a que el niño se comunique con mayor claridad, de modo que se potencie el lenguaje vocal que tenga.

Descubrir estrategias para ayudar a que los niños no vocales se vuelvan vocales ha sido un gran interés para mí desde que me convertí en analista de conducta BCBA en 2003. A menudo me sentaba a trabajar con niños mayores que, según los informes de padres y profesionales, no hablaban. En cuestión de minutos, estos niños hacían aproximaciones de palabras.

Cuando estaba en las aulas trabajando con estos niños, los profesionales que los observaban se asombraban de los progresos realizados, creyendo que se trataba de una especie de magia. Pero todo lo que hacía era poner en práctica procedimientos que había aprendido de expertos como el Dr. Mark Sundberg y el Dr. Vincent Carbone. Procedimientos que tú también puedes aplicar en casa.

En mi vida profesional pude probar estas técnicas con alumnos de distintos niveles del espectro autista e incluso con otros alumnos a los que se les habían diagnosticado otros trastornos, incluido el síndrome de Down.

Los ejemplos del vídeo del Dr. Carbone son igualmente sorprendentes, y realmente parecen demasiado buenos para ser verdad. Pero créelo. Es posible que tu hijo no vocal pueda hablar. He trabajado con alumnos de hasta 14 años que han desarrollado un habla real y funcional, a los pocos meses de cambiar a un enfoque de conducta verbal.

La logopedia puede ser útil, especialmente cuando se utiliza en un marco de conducta, pero la logopedia estándar suele fracasar con los niños que son completamente no vocales. Esto se ve subrayado por los buenos resultados obtenidos por las logopedas Joanne Gerenser, Nancy Kaufman y Tamara Kasper, que han incorporado a sus técnicas un enfoque basado en el ABA.

Hay varias técnicas respaldadas por la investigación para aumentar la probabilidad de que un niño produzca o mejore el habla. El lenguaje de signos es, sin duda, mi mejor estrategia y mi primera opción para enseñar a los niños no vocales a mandar.

El lenguaje de signos frente a otros sistemas de comunicación aumentativa

Los sistemas de comunicación aumentativa incluyen cualquier sistema utilizado para aumentar o ayudar el lenguaje. Los profesionales de ABA familiarizados con el análisis de la conducta verbal de B. F. Skinner suelen recomendar el lenguaje de signos.

Muy pocos niños a los que se les introduce en un programa de conducta verbal utilizan un sistema aumentativo que funcione. De hecho, aunque tengan algo de lenguaje de signos, he comprobado que a menudo dependen de las ayudas o utilizan signos generales como "por favor" y "más". Cuando entro en escena y veo a un niño sin lenguaje y/o con un sistema aumentativo que claramente no funciona, tengo que hacer borrón y cuenta nueva para empezar mi trabajo.

Hay tres tipos de sistemas aumentativos que se utilizan habitualmente: el lenguaje de signos, los dispositivos de salida de voz y el sistema de comunicación de intercambio de imágenes (PECS).

Siempre que sea posible, elijo el lenguaje de signos porque es portátil, se adapta a todas las operantes verbales en las que se usa una palabra, y la investigación ha demostrado que, cuando va acompañado de palabras habladas, funciona para mejorar la vocalización.

Si un niño sabe hacer señas, puedo trabajar con él cuando está en una piscina o saltando en un trampolín, que podrían ser dos reforzadores muy altos. Las manos del niño están siempre disponibles, lo que hace posibles cientos de oportunidades para trabajar emitiendo mandos mientras el niño se divierte.

El lenguaje de signos también muestra a los niños visualmente que las palabras son diferentes. El sonido de "pelota" y el de "galleta" son diferentes, al igual que los signos. Al igual que el habla, hay un movimiento distinto para cada palabra. Así que una vez que el niño aprende a hacer el signo de "galleta", suele ser bastante fácil enseñarle a hacer el signo de "galleta" cuando ve un dibujo, o a responder finalmente a preguntas con ese mismo signo, como "Dime algo que comes". Esto permite que el niño acabe utilizando el lenguaje de signos a través de las operantes.

Sin embargo, el lenguaje de signos tiene algunas desventajas. Hay que entrenar a los adultos para que lo utilicen y, para que sea eficaz, todos los adultos que trabajen con el niño deben comprender los principios de ABA, como el emparejamiento, el reforzamiento, los reforzadores, el moldeado y el desvanecimiento. La otra desventaja que se cita habitualmente es que el lenguaje de signos no es universal en la comunidad, de modo que los de McDonald's no entenderán el signo de "hamburguesa". Esto se convierte en un problema a medida que el niño envejece, pero si el niño todavía está en preescolar o en la escuela primaria con un trastorno lingüístico importante, hay tiempo para utilizar el lenguaje de signos antes de que el niño salga solo a la comunidad. Sin embargo, todos los miembros de la familia tendrán que aprender los signos del niño. La mejor forma de conseguirlo es utilizar un diccionario casero de imágenes/signos que incluya una imagen y una descripción de cada uno de los signos del niño, o grabar en vídeo a un profesional cualificado que demuestre los signos que domina el niño.

Sistemas de sintetización de voz

Un sistema de sintetización de voz es un dispositivo en el que el niño selecciona y pulsa un botón, y la máquina produce el habla. Hay modelos sencillos en los que el niño sólo tiene que discriminar entre unos pocos elementos preferidos, hasta sistemas extremadamente sofisticados que requieren que el niño tenga habilidades receptivas avanzadas de lenguaje y produzca frases.

Para utilizar estos sistemas, los adultos que trabajan con el niño tendrían que ser bastante hábiles para actualizar el sistema descargando imágenes y asegurándose de que el dispositivo es operativo. El adulto también tiene que ayudar al niño a solucionar problemas si el dispositivo funciona mal o necesita ser reparado; en cuyo caso se necesitaría un sistema alternativo para estas ocasiones. Estos dispositivos son algo engorrosos y también requieren una buena dosis de capacidad de lenguaje receptivo. Los sistemas también pueden costar más de 5000 dólares, lo que hace que esta sea la alternativa más costosa[7].

Sistema de comunicación por intercambio de imágenes

Este sistema, normalmente llamado PECS por sus siglas en inglés, es un enfoque sistemático que consiste en enseñar al niño a utilizar imágenes para mandar objetos. Los creadores del sistema, el Dr. Andy Bondy y la Sra. Lori Frost, me formaron en el PECS poco después de que mi hijo se matriculara en una escuela ABA que aplicaba el PECS con frecuencia, incluso para los alumnos verbales.

Una ventaja tanto de los sistemas de emisión de voz como de PECS es que las palabras producidas por los sistemas de emisión de voz y las imágenes de PECS son fáciles de entender para los adultos y otros niños.

Aunque la PECS es ciertamente más asequible que los dispositivos de salida de voz, también tiene desventajas. Después de las etapas iniciales de PECS, el niño debe aprender a elegir algunas imágenes bastante abstractas para intercambiar con un adulto un objeto. Por ejemplo, hay que seleccionar fichas de maíz entre un gran número de imágenes para que el niño reciba una ficha de maíz real. Al final, el niño también tiene que seleccionar una imagen de un gran libro, que puede ser difícil de transportar y que requiere mucho tiempo para su uso y mantenimiento. Recuerdo que cuando Lucas utilizaba el PECS yo decía constantemente: "Necesito un nuevo dibujo de la pizza" o escuchaba al personal decir: "No encontramos el dibujo del puzle de Lucas... haremos uno nuevo cuando podamos".

---

7 N. del E.: su accesibilidad ha cambiado notablemente con el uso generalizado de tablets y apps móviles.

Además, el libro de PECS tiene que acompañar al niño a todas partes, y puede ser casi inútil para practicar ensayos de mandos mientras el niño está en una piscina o rebotando en una cama elástica.

Aunque recomiendo el lenguaje de signos, quiero decir que si tu hijo utiliza con éxito un sistema aumentativo o un dispositivo de emisión de voz, no dejes de utilizarlo bruscamente. La clave aquí es evaluar lo bien que funciona tu sistema actual. Puedes hacerlo respondiendo a las siguientes preguntas ¿Es capaz el niño de utilizar el sistema de forma independiente para solicitar sus necesidades y deseos a lo largo del día (no sólo a la hora de la merienda o cuando el dispositivo o el libro se ponen a su alcance)?; ¿Tiene el niño rabietas u otros problemas de conducta porque el sistema es demasiado engorroso, se rompe o no es capaz de utilizarlo con fluidez?; ¿Tiene el niño acceso al sistema en todos los ambientes y lo utilizan de forma coherente tanto los proveedores de casa como los de la escuela?

Si al responder a estas preguntas descubres que tu hijo utiliza su dispositivo algunas veces, pero otras no, puedes considerar la posibilidad de añadir el lenguaje de signos para determinadas actividades. Por ejemplo, si tu hijo utiliza su dispositivo de salida de voz o PECS a la hora de la merienda, pero no lo lleva a la piscina o al trampolín, podrías sustituirlo por el lenguaje de signos para esas actividades.

Un niño de ocho años con el que trabajé hace unos años utilizaba a veces un dispositivo de salida de voz, dominaba completamente el PECS y lo utilizaba como apoyo cuando su sistema de salida de voz se estropeaba (¡lo que me parecía que ocurría la mayor parte del tiempo!), y luego le enseñamos también a hacer signos. No creas que tienes que limitar a tu hijo a un solo dispositivo, ya que el objetivo es la comunicación, no el aprendizaje de un sistema.

Cómo enseñar el lenguaje de signos

Casi sin excepción, recomiendo enseñar a los niños que aún no son vocales a utilizar el lenguaje de signos, ya sea para complementar su actual sistema aumentativo o, si actualmente no tienen ningún sistema, para adoptar el lenguaje de signos como el sistema que aprenderán y utilizarán funcionalmente.

Tu primer paso es empezar a enseñarte algunos signos inmediatamente. No te asustes. No necesitas apuntarte a clases de lenguaje de signos americano. Simplemente tienes que aprender los signos de los cinco o diez principales reforzadores de tu hijo y luego sólo tienes que aprender unos cuantos signos adicionales para ir por delante de tu hijo, incluidos los signos de los reforzadores de tu hijo.

Una vez que hayas aprendido esas señales, puedes empezar a enseñarle a tu hijo las señales. Cuando tu hijo domine dos de los cinco mandos, puedes aprender otros dos o tres signos para los objetos preferidos (que se convertirán en los siguientes mandos) y empezar a enseñarle esos signos. Sinceramente, aprender los signos no es difícil. Enseñar a tu hijo a moldear los signos es mucho más difícil. En este caso, sólo puedo sugerir que la práctica hace la perfección, ¡o al menos mejorará tus habilidades! En realidad, cuando se trata de enseñar el lenguaje de signos, no creo que exista necesariamente la posibilidad de hacerlo perfectamente. Es realmente una danza artística, que utiliza la ciencia de ABA, para moldear aproximaciones cada vez mejores.

Para aprender esta compleja danza, he descubierto que el juego de roles entre adultos es la mejor manera de aprender a enseñar a los niños casi cualquier habilidad, pero realmente funciona para el lenguaje de signos. Uno de los adultos finge ser el niño y luego un tercer adulto puede observar y hacer comentarios. Tendrás que aprender cómo, cuándo, cuánto y qué aceptar como respuesta correcta. Por desgracia, no hay una fórmula concreta para enseñar, ya que, al igual que en el baile, tendrás que cambiar y responder de un momento a otro.

Cuando empieces a trabajar con tu hijo, encontrarás un equilibrio entre esperar una respuesta perfecta y aceptar los errores. Si tu hijo se frustra, has ido demasiado lejos. Sin embargo, si un niño no ha hablado nunca y de repente dice "ca" al tomar una galleta, querrás reforzarlo inmediatamente.

Si utilizas el lenguaje de signos, todos los que trabajan con el niño tienen que aprender a firmar las mismas palabras de la misma manera, y tendrás que celebrar reuniones frecuentes y quizás grabar en vídeo algunas sesiones para asegurarte de que todos aceptan los mismos signos. Esto evitará que el niño se confunda.

Enseñar los cinco primeros signos

Lo primero y más importante es invertir en un buen diccionario de lenguaje de signos. A mí me gusta el libro Signing Exact English (Gustason y Zawolkow 1993) y en el Apéndice 3 de este libro encontrarás fotos de 20 signos de uso frecuente. Otra opción es navegar por Internet para encontrar ejemplos de imágenes y/o ilustraciones de lenguaje de signos. Un sitio web que recomiendo es www.lifeprint.com.

Otros recursos valiosos son el kit de lenguaje vocal *K y K Sign and Say*, desarrollado por las logopedas Nancy Kaufman y Tamara Kasper. Estas coloridas tarjetas muestran imágenes de los 150 reforzadores más comunes que parecen gustar a los niños con diagnóstico de autismo y u otras discapacidades. Detrás de cada tarjeta hay una ilustración y una descripción de cómo hacer el signo. Además, en el reverso de cada tarjeta hay un desglose de la palabra que ayuda a orientar a los terapeutas no lingüísticos sobre cómo hacer que el niño haga ecoicas, incrementando gradualmente la complejidad hasta moldear la palabra.

Un ejemplo de desglose es el de video (¡un reforzador preferido por casi todos los niños con autismo!). Antes de que el niño pueda articular "video", según Kaufman y Kasper, debe ser capaz de decir "vi, vi", luego "vi, de", luego "vi-de-o" y finalmente "video". Puedes ver una ilustración de estas tarjetas y/o adquirirlas a través de www.northernspeechservices.com.

El siguiente paso en el proceso de enseñanza de los signos es seleccionar los cinco primeros mandos del niño que le vas a enseñar, así como los signos para obtener su reforzador. Algunos signos, como "manzana" y "caramelo", se consideran signos que "riman" porque los movimientos de las manos son similares (ver los signos de muestra en el Apéndice 3). Empieza con cinco signos que no sean similares, para que os resulte más fácil a ti y a tu hijo moldear los signos. Si tu hijo tiene tanto "manzana" como "caramelo" en su lista de reforzadores, probablemente querrás buscar un signo más específico para uno de ellos, como "piruleta" en lugar de "caramelo".

Además, tendrás que asegurarte de que los signos no sean demasiado difíciles de provocar y de que el niño pueda hacerlos con señas sin necesidad de dar ayudas. Algunos signos implican habilidades motoras finas muy complejas que requieren una destreza con la que incluso los niños y adultos típicos tendrían problemas. Para estos signos, no dudes en simplificarlos. Por ejemplo, el signo de la película es bastante complejo, pero puedes simplificarlo haciendo que el niño simplemente se frote las manos como si estuviera aplastando Play Doh entre ellas. Sólo tienes que asegurarte de que todos los adultos que trabajen con el niño utilicen los mismos signos simplificados.

Ahora estás preparado para empezar a enseñar. Empieza por emparejar la palabra hablada con el signo y el objeto. Cuando acerques una patata al niño, dirás y harás el signo de "patata" tres veces antes y durante la entrega. En este momento, no estás dando ayudas al niño para que mueva las manos ni le pides que diga ni que haga ningún signo. En este momento estás emparejando la palabra con el signo y el objeto, igual que harías con el emitiendo mandos vocales. Trabaja con las cinco palabras juntas, no sólo con una palabra cada vez. El emparejamiento puede llevar sólo unos minutos o hasta semanas, dependiendo de cómo aprenda tu hijo. Y te recordamos que tu hijo nunca debe saber que está trabajando y que debes mantener la motivación alta y las demandas muy bajas mientras trabajas para conseguir un lenguaje de signos independiente. Así que vete despacio y vete facilitando las demandas.

A continuación, guiarás o darás ayudas al niño para que produzca el signo. Si la galleta es un reforzador y el niño alcanza una galleta, mamá le mostrará el signo de la galleta como demostración mientras dice "galleta". Luego, la mamá tomará suavemente las manos del niño y las moverá para que haga el signo de "galleta" mientras dice "galleta" una vez más (ayuda), y luego la mamá le da al niño el trozo de galleta, mientras dice "galleta" una última vez. Este mismo proceso se repite para todos los mandos.

Hay algunas cosas positivas que hay que buscar durante este proceso. He visto que muchos niños empiezan muy rápidamente a utilizar los signos de forma independiente cuando ven un objeto preferido. Además, muchos de los niños empezarán a mirar al adulto como modelo y a copiar el signo sin una ayuda física para obtener su reforzamiento más rápidamente. Por último, algunos niños, incluso en esta fase temprana, empezarán a hacer aproximaciones de palabras mientras hacen los signos.

Si tu hijo no empieza a imitar o espera a que le indiques los signos correctos extendiendo los brazos y mostrando "manos de zombi" (frase acuñada por mi colega Michael Miklos), tendrás que actuar. Empieza a desvanecer tus ayudas y a aceptar algunas aproximaciones, para que tu hijo sea más independiente.

Recuerdo que hace varios años Mike Miklos me ayudó a abordar un caso difícil con una niña que no realizaba signos de forma independiente. Esta niña pedía palomitas con signos, lo que se indica señalando con ambos dedos índices hacia el techo y moviendo ambos brazos hacia arriba y hacia abajo. Mike señaló que la niña disfrutaba cuando alzaba sus dedos hacia arriba y hacía el movimiento. No le apetecía hacer el signo de "palomitas" porque no solo le reforzaban las palomitas, sino también mi ayuda. Mike me enseñó que aceptara el movimiento de sus brazos hacia arriba y hacia abajo como un mando y entregara las palomitas en cuanto viera que sus brazos se movían mínimamente. En pocos días pudimos moldear el signo para que se pareciera realmente al de las palomitas. Pero aún mejor, ya no dependía de la ayuda para producir el signo y meses después empezó a hablar.

El problema opuesto a las "manos de zombi" es cuando un niño emite todos sus signos como un entrenador de béisbol que hace señales al bateador. Mientras que las manos de zombi son el resultado de un exceso de signos, resultado de desvanecer las ayudas demasiado rápido y reforzar las respuestas descuidadas.

Nunca refuerces a un niño que hacer errores en secuencia[8]. Si ves unos cuantos signos juntos, aunque el signo objetivo aparezca entre me-

8 N. del E.: *scrolling*, en inglés, en el original.

dio de la secuencia, deberás poner las manos del niño en posición neutral durante uno o dos segundos para no encadenar otro signo con el error. Entonces demostrarás el signo correcto y le darás toda la ayuda que sea necesaria para que el niño haga el signo correcto. Entonces podrás reforzar.

Una vez que tu hijo haya emitido varios mandos de uso común e independientes, también puedes empezar a retrasar el reforzamiento durante unos segundos, aguantando para ver si consigues alguna aproximación a la palabra hablada. Sin embargo, no esperes más de unos segundos, ya que no puedes controlar el deseo de tu hijo de hablar.

Otras formas de hacer que los niños hablen

Enseñar el lenguaje de signos en el contexto de un mando es la mejor manera que conozco de ayudar a un niño no vocal o mínimamente vocal, pero también hay otras cosas que puedes hacer para facilitar la conversación.

En primer lugar, tendrás que enriquecer el ambiente de tu hijo bombardeándolo con palabras sueltas. Cuando acudo por primera vez a programas escolares o realizados en hogares, oigo mucho lenguaje, pero la mayoría es demasiado compleja para que los niños no vocales lo entiendan. Los adultos hablan rápidamente y el niño suele encontrarlo distorsionado y confuso. Imagina, de nuevo, que estás en un país extranjero y alguien te habla rápidamente, con frases largas. No conoces el lenguaje, así que te resulta imposible captar la esencia de la conversación.

En lugar de decir: “Juan está subiendo los escalones” cuando tú y Juan estéis subiendo las escaleras, di: “Arriba, arriba, arriba” con voz fuerte y juguetona. Intenta decir: “Cosquillas, cosquillas, cosquillas” en lugar de: “Voy a hacerle cosquillas a la barriga de Juan”. Siempre que sea posible, elige palabras fáciles y de una sola sílaba que también puedan servir de reforzadores. No hace falta que te aprendas los signos de todas estas palabras, basta con emparejarlas tres veces con lo que ocurre en el ambiente de tu hijo. Un objetivo sería emparejar el tono alegre y juguetón de tu voz con la palabra, que se convertiría en un reforzador.

Otra forma de hacer que el habla sea más reforzante es entregar reforzadores por cualquier tipo de balbuceo, sonido o aproximación de palabras que haga tu hijo. Para darte cuenta de qué sonidos hace tu hijo y con qué frecuencia los hace, fija un tiempo determinado (15 minutos es bueno) y coge una hoja de papel y anota lo que oyes. Hazlo varias veces para tener una líneabase. Si oyes “ba da da” y luego “oh” y después “ma ma” en un periodo de 15 minutos, verás que, aunque el ritmo de balbuceo de tu hijo es bajo, su capacidad para juntar consonantes y vocales es bastante buena. Además, los sonidos que emite podrían moldearse para formar palabras. “Be” podría ser un sonido de oveja, “mama” de mamá, “da da” de papá y "muu" de vaca. Esto también podría llevarte a seleccionar reforzadores que utilicen estos mismos sonidos. Entonces puedes hacer un esfuerzo consciente para reforzar a tu hijo por hacer estos sonidos. "¡Ba da ba Ryan, ¡qué bien hablas! Has dicho ba da ba. Toma, ten una patata, has dicho ba da ba".

También puedes intentar fomentar actividades de mucho movimiento antes, durante y después de las sesiones de mandos. Para algunos niños, el juego vigoroso y las actividades sensoriales suelen dar lugar a una mayor producción de habla. Esta es otra oportunidad para observar qué hace tu hijo cuando empieza a balbucear, para ver si balbucea más durante las actividades de motricidad gruesa.

Físicamente, también puedes trabajar para mejorar los músculos de la boca de tu hijo. He conocido a padres que juran que sus hijos empezaron a vocalizar a los cinco años simplemente por el uso de un programa de burbujas, bocinas y pajitas desarrollado por *Talk Tools* (www.talktools.net). Aunque no existe ninguna investigación controlada sobre su eficacia, tiene sentido que el fortalecimiento de los músculos de la boca ayude al habla del mismo modo que el fortalecimiento de los músculos de los brazos ayuda a las habilidades motoras gruesas. Estas herramientas terapéuticas también ayudan al niño a asociar un flujo de aire oral controlado con la producción del habla. Sara Rosenfeld-Johnson, que creó estas herramientas e intervenciones de motricidad oral, sugiere que el uso de pajitas progresivamente más finas dentro de un régimen prescrito produce, de hecho, más habla y una mejor articulación.

Joanne Gerenser, una logopeda conocida en todo el país, observó brevemente a Lucas una vez, cuando tenía cuatro años, y me dijo que tirara todas sus tazas antigoteo. Ella había visto a Lucas corriendo por su sala de terapia con una taza antigoteo, y me hizo saber que las tazas para sorber disuaden la articulación. Me dijo que eran tan malas como los biberones y me dijo que fomentara el uso de la pajita, del biberón o de la taza abierta. Todo ello para mejorar la fuerza muscular y el control de la boca.

Pasos para mejorar la articulación

Si tu hijo está empezando a juntar sonidos, a utilizar aproximaciones de palabras y tal vez incluso tenga algunas palabras, es el momento de empezar a trabajar en la claridad de las palabras para que los desconocidos le entiendan.

Durante mi trabajo con Lucas hubo momentos en los que su articulación se volvió descuidada. Recuerdo que Gerenser comentó la pronunciación de Lucas de la palabra "agua". En ese momento, Lucas había empezado a utilizar la palabra "alua" en lugar de "agua". Si se le presionaba, articulaba la palabra correctamente, pero la mayoría de las personas que entraban en contacto con Lucas, le daban agua cuando decía "alua". Si el niño puede producir una palabra con claridad, todos los adultos deben aceptar y reforzar únicamente las vocalizaciones precisas. El listón debe mantenerse alto e ir subiendo. De este modo, con el tiempo el niño será más comprensible, no menos.

Lucas también desarrolló algunos problemas de articulación a medida que crecía. Por ejemplo, empezó a decir "Mame" en lugar de "Mami". Traté su repentino deterioro de la articulación con su terapeuta ABA, que me dijo que la logopeda del colegio trabajaría en la articulación, porque no era su especialidad. Así que, de nuevo, parecía que los adultos aceptaban respuestas chapuceras. Para empeorar las cosas, mi solución fue enfatizar las palabras y, como Lucas es muy buen imitador, empezó a copiar todas las palabras que oía. Así que yo decía "Mama" y él oía "Mamá" porque yo acentuaba demasiado la última consonante y creaba un sonido "a" al final de casi todas las palabras. Así que Lucas empezó a añadir una "a" al final de cada palabra que decía: taza, a, cuchara, a, etc. ¡Me sentí como si tuviera un pequeño niño italiano en mi casa! El consejo de Gerenser fue empezar a infravalorar la última consonante de las palabras y el problema desapareció casi al instante.

Para los niños menos vocales que Lucas, es muy importante llevar una lista actualizada de lo que dicen para cada palabra, de modo que puedas ayudarles a moldear la palabra con precisión. Me gusta repasar las tarjetas y seleccionar palabras monosilábicas y bisilábicas que sean bastante fáciles de decir, como gato, perro, cama, papá, cachorro, mamá, manzana, caramelo, etc. Si encuentro un puñado o dos de palabras bastante claras, quiero practicar esas palabras con el niño a lo largo del día.

Separa las palabras en tres montones: Palabras claramente articuladas, palabras que necesitan algo de trabajo, pero tienen potencial, y palabras muy difíciles. Empezarás con el primer montón y harás que el niño practique esas palabras claramente articuladas varias veces al día con grandes cantidades de reforzamiento. A continuación, podrías colaborar con un logopeda para que te ayude a moldear las palabras del segundo grupo. Aparta el tercer montón por ahora, ya que quieres que el niño practique siempre palabras que sean claras. Si el niño está practicando palabras muy difíciles de pronunciar como tacto, en esencia está practicando errores, lo cual no es una buena idea.

Conseguir que un niño hable debe ser un esfuerzo de equipo. Es tarea de todos ayudar a tu hijo a hablar y a articular bien. Utilizar estas técnicas de forma sistemática mejorará las posibilidades de casi todos los niños de hablar y hacerse entender. Y, sea cual sea la edad del niño o del adulto, no pierdas la esperanza de que algún día pueda llegar a hablar. Mientras tanto, sigue ayudando a ampliar el lenguaje del niño mediante un enfoque de conducta verbal con el uso del lenguaje de signos.

CAPÍTULO 7

La enseñanza sin errores y el uso de procedimientos de transferencia

Has aprendido mucho sobre cómo ayudar a tu hijo a comunicarse y espero que hayas empezado a ver algún éxito en el uso de reforzadores y en la enseñanza de mandos. Ahora es el momento de comprobar tu propio progreso en esta programación, asegurándote de que estás trabajando con tu hijo de la forma más eficaz posible.

En este capítulo vamos a examinar más detenidamente las ayudas, el desvanecimiento de las ayudas, la transferencia de habilidades entre operantes y la corrección de errores. El éxito de un programa de conducta verbal depende a menudo de la comprensión y la aplicación de estos conceptos.

Dar ayudas

Los estímulos son los pequeños empujones o pistas que aumentan la probabilidad de que tu hijo dé una respuesta correcta. La diferencia entre un gran programa de Análisis Aplicado de Conducta (ABA)/VB y un programa mediocre suele estar en los detalles de los procedimientos correctos de ayuda.

He mencionado la ayuda a lo largo del libro, así que es un término con el que probablemente estés familiarizado. Pero hay diferentes tipos de ayudas, desvanecimiento de las mismas y procedimientos de corrección que necesitan una explicación más detallada.

Es importante que, al enseñar a un niño con diagnóstico de autismo o con cualquier trastorno del desarrollo, no sólo conozcas la ciencia de ABA y el análisis conceptual de la conducta verbal, sino que también puedas aplicar una intervención precisa y adecuada.

Cuando Lucas tenía tres años, empezamos nuestro primer programa ABA-Lovaas y nuestra asesora de conducta pasó dos días con nosotros antes de espaciar sus visitas a una vez al mes. Como había recibido una excelente formación por parte de profesionales que trabajaban directamente bajo la dirección del Dr. Lovaas, nos proporcionó una gran cantidad de orientación sobre las ayudas y el desvanecimiento rápido. Cada uno de los terapeutas de Lucas y yo nos sentábamos en la silla y trabajábamos directamente con Lucas delante de ella y de los demás miembros del equipo. Nos criticaba si ayudábamos demasiado rápido, o si reforzábamos demasiado tarde. Me recomendó que actuara como terapeuta de Lucas al menos tres horas a la semana, para que pudiera practicar y llegar a ser competente como técnico de conducta (esto fue antes de que empezara a formarme para convertirme en analista de conducta certificado o BCBA). Sus comentarios me ayudaron a ir mejorando en esta área.

Jerarquía de la ayuda

Los fundamentos de las ayudas incluyen los distintos tipos de ayudas y una jerarquía para identificar el grado de invasión de las mismas. Querrás utilizar la ayuda menos invasiva que permita a tu hijo tener éxito.

El tipo de ayuda intrusiva para una respuesta física es una ayuda física completa, lo que significa que coges la mano o el cuerpo del niño y lo mueves para que responda correctamente a cualquier demanda que se le dé. Así, si se le dice al niño que se toque la nariz, pero parece no tener ni idea de lo que significa y no tiene capacidad de imitación, el instructor tomará la mano del niño y le indicará que se toque la nariz con el dedo. Esto es una "ayuda física completa".

Una "ayuda física parcial» es similar, pero la ayuda del instructor se limita a tocar el codo del niño o a mover sus manos hacia la cara y el niño termina la petición tocándose la nariz, por sí mismo. Las ayudas gestuales incluyen señalar un elemento y son menos invasivas, simplemente porque no implican tocar al niño. Las ayudas gestuales pueden utilizarse tanto en las sesiones de entrenamiento intensivo como en las actividades diarias normales, como cuando Katie no sigue una demanda de ponerse el abrigo. Si Katie no responde a tu instrucción, la ayudas repitiendo la demanda y señalando hacia su abrigo. Si Katie no tiene la habilidad de oyente y ponerse el abrigo es una habilidad nueva, es probable que tengas que empezar a utilizar ayuda física y desvanecerla hasta llegar a un estímulo gestual menos invasivo tan pronto como puedas.

Una "ayuda de modelo o imitación" es aún menos intrusiva. Si se le dice al niño que se toque la nariz, el profesor puede intentar tocarse su propia nariz para dar al niño una idea de lo que le pidiendo. Si el niño imita el movimiento, ésta es la ayuda preferible. Esta ayuda también puede desvanecerse en una "ayuda de imitación parcial". Puede que el profesor sólo tenga que empezar a mover el dedo hacia su propia nariz para que el niño capte la idea y la imite.

Otras ayudas que se utilizan en los programas de conducta verbal son las visuales y las textuales. Técnicamente se consideran menos invasivas que los tipos de ayudas de modelado/imitación, pero, para algunas habilidades, como las receptivas y las de emparejamiento, el modelado puede ser la ayuda menos intrusiva que podemos utilizar. La principal ventaja de utilizar ayudas visuales y textuales es que no es necesario que un adulto esté siempre presente para dar la ayuda. Un calendario visual es un ejemplo de ayuda visual que se puede enseñar al niño a utilizarlo. Estos calendarios pueden conducir a menudo a un aumento de las habilidades independientes para el tiempo de descanso y las actividades de autonomía.

Las ayudas visuales también pueden utilizarse con un adulto presente. Si tu hijo utiliza el lenguaje de signos para facilitar la comunicación, el profesor debería, al principio, lenguaje de signos y a la vez palabras mientras ofrece la ayuda. Esto sería una ayuda visual. Si le dices a un niño que utiliza signos que "coge la pelota", deberás hacer la señal de "pelota" mientras le das la instrucción.

Una ayuda textual es útil para alumnos más avanzados o de desarrollo típico y consistiría en mostrar al niño la palabra "pelota" mientras le das la ayuda verbal "Coge la pelota".

Las ayudas verbales se consideran el tipo de ayudas menos invasivas y se utilizan con frecuencia a lo largo del día, a veces demasiado, en mi opinión. A menudo resultan ineficaces con los niños que tienen trastornos graves en el lenguaje. Una forma de ayuda verbal consiste en repetir la demanda y dar recordatorios; una estrategia que a menudo se parece que se está regañando. Si el alumno no tiene el lenguaje o las capacidades cognitivas para entenderlo, que se regañe no va a conseguir el resultado deseado. Por desgracia, algunos profesores creen que hablando más alto y utilizando más descripciones en su demanda el alumno lo entenderá. Por ejemplo, a Jimmy se le puede decir: "Ve a por tus zapatos". Cuando no lo hace, la ayuda verbal incorrecta se convierte en: "Jimmy, te he dicho que vayas a por tus zapatos y los subas... ¡tenemos que irnos!". Como ya sabes, menos es más y cuantas menos palabras se utilicen, más fácil será para el niño procesarlas.

Los adultos también utilizan ayudas verbales enfatizando una palabra de una frase, como "toca NARIZ". La mayoría de los niños que no entienden la demanda "toca la nariz" no van a entenderla de repente si se dice "nariz" en voz más alta. Estos niños suelen necesitar una ayuda intrusiva para aprender la habilidad. Recuerda que la primera vez, deberás elegir la ayuda que mejor funcione. No querrás gritar "toca la nariz" y obtener muchas respuestas que no se produzcan antes de pasar a una ayuda física o de imitación. Es mucho mejor empezar con una ayuda intrusiva y desvanecerla rápidamente.

Aprendí rápido a realizar las demandas simples y claras. Sólo debemos usar un antecedente. Si le das a tu hijo la orden "Toca la nariz", ése es tu antecedente, esperas a que se de la conducta y, a continuación, le das la consecuencia. Deberemos utilizar la ayuda menos intrusiva dentro de la condición del antecedente para conseguir que el niño cumpla, y no querrás añadir tareas o lenguaje adicional a la petición. A menudo veo que los adultos repiten la demanda una y otra vez, sin dar ayudas.

Poco después de que Lucas empezara la intervención ABA, mi marido empezó a pedirle que cogiera el mando a distancia. En ese momento, Lucas no tenía ni idea de lo que era un mando a distancia y era incapaz de completar la tarea, ni podía seguir la ayuda gestual. Mi marido seguía ofreciendo la misma ayuda verbal una y otra vez, mientras ofrecía la misma ayuda gestual parcial una y otra vez.

Había demasiados antecedentes y la ayuda no era lo suficientemente invasiva, por lo que Lucas no pudo completar la tarea y salió corriendo a hacer algo que quería hacer. Por desgracia, la tarea no se completó y, como se fue corriendo a hacer lo que le apetecía, se reforzó su incumplimiento.

Al dar una instrucción, lo mejor es dar sólo un antecedente, esperar sólo una conducta y dar una consecuencia. Dar demasiada información, o aumentar la cantidad de información, reforzará respuestas imprecisas de tu hijo y posiblemente le enseñará que está bien no hacerte caso o desobedecerte a fin de conseguir alguna reacción por tu parte.

Empieza a hacer demandas a tu hijo que sean muy sencillas, que puedan completarse con una ayuda mínimamente intrusiva y que puedan ser recompensadas inmediatamente. Dar la ayuda de lanzar una pelota a través de una canasta de baloncesto puede no parecerle en absoluto un trabajo a tu hijo, pero cuando recompensas el cumplimiento, está aprendiendo que siguiendo las ayudas conseguirá algo que quiere. Las ayudas también deben parecer naturales y ser lo más ligeras posible. Si tu hijo no lanza la pelota a través del aro, acércate a él y reitera la petición, y luego toma la pelota de sus brazos de forma amistosa y ayúdale a lanzar la pelota, y luego dale un reforzador.

De este modo, tu hijo aprende que obedecer le permite obtener recompensas. Cuando tu hijo responda a las ayudas con regularidad tendrás que desvanecerlas ayudas para que progrese. Si no lo haces, se volverá dependiente de las ayudas y no se convertirá en un aprendiz independiente.

Enseñanza sin errores y ensayos de transferencia dentro de las operantes

Enseñar a tu hijo nuevas habilidades es un momento emocionante, sobre todo cuando ves los frutos de tu trabajo duro. En los últimos años he aprendido que es muy importante utilizar la ayuda inmediata cuando trabajas en una nueva habilidad, o con un nuevo niño. Esto significa que si crees que hay una mínima posibilidad de que el niño vaya a dar una respuesta incorrecta o no realice la tarea solicitada, tendrás que darle ayuda inmediatamente. Cuando te parezca que el niño empieza a entender la tarea, puedes empezar a desvanecer la ayuda. Desvanecerás estas ayudas haciendo un ensayo de transferencia inmediatamente después de los ensayos seguidos de ayuda.

Grite: "¡Eureka! Cuando hace unos años aprendí acerca de los ensayos de transferencia. Lucas ya tenía seis años y llevaba tres en un programa ABA en casa cuando oí hablar de los ensayos de transferencia en un taller de formación práctica de conducta verbal presentado por Holly Kibbe y Cherish Twiggs. Antes de ese taller, a veces pensaba que Lucas tenía afasia, un trastorno común a las víctimas de accidentes cerebrovasculares, en el que no pueden encontrar la palabra correcta para una situación. Lo había visto durante mis años de enfermera y me parecía que Lucas tenía un problema similar. Si Lucas quería una galleta salada del armario, me hacía un gesto para que abriera la puerta. Aunque las galletas saladas, las galletas y los panes estaban a la vista una vez abierta la puerta del armario, Lucas no decía "galleta salada" para pedir lo que quería. Así que yo decía "galleta salada", y Lucas hacía ecoica y yo se la entregaba y eso era todo.

Sin embargo, una vez que conocí los procedimientos de transferencia, quedó claro que Lucas no tenía afasia. El problema era yo. Dejaba todas sus respuestas en el nivel de ayuda y no completaba el ensayo de transferencia. Cuando llegué a casa después del taller, estaba ansiosa por probar mi nuevo plan. En lugar de entregarle una galleta salada a Lucas inmediatamente después de la ecoica, dudaba y me encogía de hombros, o bien (si tenía que hacerlo) decía: "¿Qué quieres?". Tendría que decir "galleta salada" de nuevo, antes de conseguirla.

Conseguir que Lucas lo dijera de forma independiente o con una ayuda reducida se convirtió en el nuevo objetivo. Trabajé mucho en este concepto y publiqué un estudio de investigación controlado que realicé con Lucas sobre este tema en la revista *The Analysis of Verbal Behavior* (Barbera y Kubina, 2005).

Ahora pienso en esta habilidad de dos maneras: Ensayos de transferencia dentro de operantes y ensayos de transferencia entre operantes. Un ensayo de transferencia dentro de una operante es la transferencia del control de estímulo de un ensayo provocado a un ensayo con una ayuda reducida, o sin ninguna ayuda. Esto incluiría el escenario de desvanecimiento de estímulos.

He aquí otros dos ejemplos de ensayos de transferencia dentro de un área de habilidad o una operante. Quiero que Susie aprenda una habilidad receptiva, como responder adecuadamente a la ayuda "Aplaude". Pero en este momento, Susie no tiene ninguna habilidad receptiva y no puede cumplir la petición. Empezaría inmediatamente con una ayuda física completa, en la que cojo las manos de Susie y las junto físicamente en una palmada. Si refuerzo inmediatamente la habilidad con un M&M® o Lacasito® (un reforzador muy potente), estaría dejando la habilidad en un nivel de ayuda muy alto y no estaría proporcionando ningún tipo de ensayo de transferencia. En su lugar, recomiendo desvanecer o eliminar la ayuda antes de reforzarla. Así, en lugar de dar a Susie el reforzador después de ayudarla a dar una palmada, le daría un elogio (un reforzamiento menor) y luego volvería a presentar la orden: "Genial... aplaude" y vería si lo hace. Seguiría ofreciendo elogios hasta que Susie respondiera y entonces le daría el reforzador más potente.

Así es como se vería:

> Instructor: "Aplaude". Inmediatamente coge las manos de Susie y aplaude.
>
> Susie: Aplaude con las manos con una ayuda física total del instructor.
>
> Instructor: "Bien... aplaude..." Toca los codos y los antebrazos de Susie.
>
> Susie: Da una palmada.
>
> Instructor: Entrega el reforzador mientras sonríe y dices "Muy bien que aplaudes".

He aquí un ejemplo de ensayo de transferencia de un tacto. Sam es un alumno que tiene cientos de tactos conocidos, pero no puede tactar "excavadora". Aquí tienes un ensayo de transferencia para eso:

> Instructor: "¿Qué es? excavadora". Sam: "excavadora".
>
> Instructor: "Bien... ¿qué es?" Sam: "excavadora".
>
> Instructor: Le da un elogio y le muestra un breve clip de un video favorito.

Además de transferir el control de estímulo de un ensayo con ayudas a otro con menos ayuda, también puedes trabajar con ensayos de transferencia que se utilicen entre operantes.

Me interesé por investigar los procedimientos de transferencia entre operantes en 2001. Cuando Lucas tenía seis o siete años, iba a una escuela ABA que estaba a una hora de mi casa. Cuando Lucas llevaba unos cuatro meses en la escuela, me di cuenta de que utilizaba los nombres de los profesores de forma incorrecta. Cuando su terapeuta, Amber, venía a casa, le decía "Adiós, Lucas" cuando se iba. Lucas respondía: "Adiós, Haley" (Haley era su profesora en el colegio). Amber le corregía diciendo: "No, no soy Haley, di "Adiós" Amber". Entonces Lucas decía: "Adiós Amber". Ella se marchaba, sin hacer un ensayo de transferencia (por desgracia). En ese momento, estaba completando el curso para obtener mi certificado de analista de conducta y me di cuenta rápidamente de lo que estaba pasando, y de que teníamos que hacer algo al respecto. En el pasado habíamos trabajado con bastante diligencia en sus habilidades de saludo, y tactar los nombres de las personas era en realidad un punto fuerte para Lucas. Recuerdo que cuando fue a su centro de preescolar, le enseñamos los nombres de sus 16 compañeros de clase. Lo que parecía ocurrir en la escuela ABA era que Lucas no aprendía los nombres del personal y de los alumnos y, al añadir los saludos para trabajar la generalización, Lucas cometía errores. Eso, a su vez, provocaba mucha confusión. Era claramente un error de programación, por lo que tomamos medidas inmediatas para corregirlo. Siempre que veo errores como éste, me fijo en si se cumplen los requisitos previos. ¿Es la base sólida? ¿Cómo podemos desglosar esta habilidad para que Lucas tenga éxito?

En este caso, me remonté a cuando consiguió aprender y utilizar los nombres de sus compañeros. Recordé que le habíamos enseñado a tactar los nombres de los niños mostrándole fotos de ellos; un niño en cada foto.

Le pedí a su profesora de la escuela ABA que le enviara a casa fotos de diez miembros del personal y/o alumnos de la clase de Lucas. Esto ocurrió al principio de un descanso de dos semanas, y le dije a la profesora que mi objetivo para Lucas sería que se aprendiera los diez nombres para cuando volviera a la escuela. Así que cada día cogía el paquete de fotos y las repasaba de una en una, preguntando "¿Quién es éste?".

A partir de este "sondeo " (una evaluación previa a cualquier enseñanza) elegía tres objetivos sobre los que trabajaría. Ponía esas tres fotos sobre la mesa y le decía a Lucas: "Toca a Ámbar". Entonces él tocaba la foto de Ámbar, y normalmente también hacía la ecoica de "Ámbar" al tocar la foto. Entonces yo transfería inmediatamente esta habilidad de oyente a un tacto diciendo: "Bien... ¿quién es ésta?" y entonces Lucas respondía "Ámbar".

Dedicaba cinco o diez minutos cada día a enseñar a Lucas los nombres. Antes de cada sesión de enseñanza, sondeaba las diez imágenes para ver si estaba adquiriendo alguna habilidad de tacto, y luego seleccionaba tres nuevos objetivos para la sesión en cuanto tenía adquirido los tactos objetivo. En tan sólo dos semanas, Lucas aprendió los diez nombres y podía utilizarlos con fluidez y sin dudar. Y no sólo volvió Lucas al cabo de dos semanas sabiendo todos los nombres de sus compañeros y del personal, sino que también fue capaz de asociar un saludo a los nombres.

Esto me demostró que éste es el modo en que Lucas aprende mejor, y me llevó a establecer unos cuantos estudios de investigación estructurados con Lucas y otros niños para examinar la transferencia de estímulos entre operantes. Quería centrarme en lo que había sucedido durante esas dos semanas que tuvo tanto éxito para Lucas. Descubrí que estaba tomando las habilidades receptivas del lenguaje de Lucas, que siempre habían sido más fuertes que sus habilidades expresivas, y transfiriendo el control de estímulo (los nombres de sus compañeros) de la operante receptiva a la operante de tacto. Cuando examiné el proceso que había utilizado, descubrí que también estaba mezclando una transferencia de ecoica a tacto.

Completar ensayos de transferencia entre operantes es algo que utilizo a diario con todos los niños con los que trabajo, sean o no vocales (el lenguaje de signos es extremadamente útil en esta tarea, para los niños no vocales).

Aquí tienes algunos ejemplos de ensayos de transferencia entre operantes:

Transferencia de receptivo a tacto

Instructor: "Toca la excavadora".

Alumno: Toca la imagen de la excavadora (receptivo).

Instructor: "¿Qué es?"

Alumno: " Excavadora " (tacto).

Transferencia de ecoica a tacto

Instructor: "Di pelota".

Alumno: "Pelota" (ecoica).

Instructor: Sostiene un dibujo de una pelota y dice: "¿Qué es?"

Alumno: "Pelota" (tacto).

Transferencia de Igualación a la muestra a receptivo

Instructor: "Iguala el gato" mientras entrega una foto de un gato al alumno.

Alumno: Iguala al gato (igualación a la muestra).

Instructor: "Toca el gato".

Alumno: Toca al gato (receptivo).

Transferencia de tacto a intraverbal

Instructor: "¿Qué número?", mostrando el número 9 en una tarjeta.

Alumno: "Nueve" (tacto).

Instructor: "¿Cuántos años tienes?" Desvanece la imagen, si es posible.

Alumno: "Nueve" (intraverbal).

El procedimiento de ensayo de transferencia entre operantes es una forma útil de aprovechar las habilidades fuertes del niño y ayudar a mejorar sus áreas débiles.

Corrección de errores

Incluso los niños con buen funcionamiento cometerán errores, por lo que es importante estar preparado para dar ayudas inmediatamente; incluso así, tu hijo cometerá errores. La forma de tratar los errores puede ayudar o dificultar el progreso de tu hijo. Da un poco de miedo, pero debes enseñar a todas las personas del entorno de tu hijo a corregir correctamente los errores.

Por desgracia, esto no es realista, así que puedes asumir que algunos de los errores de tu hijo serán reforzadores sin querer. A menudo veo alumnos de nivel intermedio que llaman "natación" a un dibujo de una piscina, o que cuando se les pide que nombren una pizarra, responden "profesor". No es que estos alumnos no sepan la respuesta o tengan algún problema cognitivo que les impida aprender el tacto correcto, es que estos errores se han reforzado muchas veces en el pasado.

Así es como se corrigen los errores:

Tomemos el ejemplo de un niño de ocho años llamado Andrés. Tiene el diagnóstico de autismo, es vocal y puede emitir mandos y tactos de imágenes de varios reforzadores. Ahora estás empezando a enseñarle a tactar imágenes de objetos comunes. El tacto objetivo es " cama". Este tacto hay que enseñarlo con frecuencia, porque cuando Andrés ve una imagen de una cama y se le pregunta: "¿Qué es?", responde "Manta".

Si responde mal, es más difícil enseñarle el tacto que si no responde. Aunque estén cerca, palabras como "manta" por "cama" o "sentarse" en lugar de "silla" son reforzadas por los padres y otras personas del ambiente, que intentarán manipular una respuesta correcta a partir de una respuesta incorrecta. Si se le muestra una imagen de una silla y el niño dice "Siéntate", el instructor que no está familiarizado con los procedimientos adecuados de corrección de errores podría responder: "Bueno, te sientas en una silla, ¿verdad? Es una silla". Pero como el niño nunca ha dicho "silla", se refuerza la palabra "Siéntate".

Para corregir errores como éste, tendrás que volver a mostrar la imagen de la cama, o señalar una cama real y volver a dar ayuda: "¿Qué es?" Debes dar ayudas inmediatamente con la palabra "cama", antes de que Andrés tenga la oportunidad de decir "manta". Él hará la ecoica de la palabra "cama", y entonces podrás realizar un ensayo de transferencia para que pase de la operante ecoica al tacto, diciendo: "Bien, ¿qué es?". Esta vez, cuando se le haga la pregunta, puedes reducir la ayuda o esperar a ver si Andrés produce la palabra sin ninguna ayuda.

Así es como se vería la corrección:

> Instructor: Sostiene un dibujo de una cama y dice: "¿Qué es?"
>
> Andrés: "Manta".
>
> Instructor: Sostiene de nuevo la imagen de la cama y vuelve a presentar la pregunta e inmediatamente da ayudas a la respuesta: "Cama".
>
> Andrés: Se hace la ecoica de "Cama", basándose en la ayuda verbal del instructor.
>
> Instructor: "Bien, ¿qué es?"
>
> Andrés: "Cama", sin ninguna ayuda.

Los errores también se producen en el ambiente natural. Un problema habitual que presentan los niños pequeños con diagnóstico de autismo u otras deficiencias del lenguaje es que tienden a invertir los pronombres. Así, si dices: "Pásame la pelota rodando", es posible que repitan: "Pásame la pelota rodando" mientras lo hacen. O si dices "Cepíllate el pelo", tu hijo responderá con una ecoica: "Cepíllate el pelo", ya que está siguiendo la dirección. La solución sencilla a este problema es eliminar los pronombres, sobretodo si hace ecoica. Simplemente di: "Rueda la pelota" o "Cepilla el pelo". Cuando tu hijo sea más avanzado, puedes darle ayudas con el pronombre adecuado. Cuando trabajes con tu hijo, adopta siempre su perspectiva, de modo que cuando diga: "Dame una galleta", indícale: "Dame una galleta" y haz que se haga ecoica de esa respuesta y luego haz un ensayo de transferencia diciendo: "¡Correcto! Ahora me lo pides tú". Una vez que diga con éxito "Dame una galleta" sin una ayuda inmediata, dale la galleta como reforzador.

No entregues la entregues si utiliza incorrectamente el pronombre o verás cómo aumentan esos errores, al igual que todas las conductas que se refuerzan.

Aprender la mejor manera de dar ayudas, desvanecerlas, corregir errores y transferir habilidades entre operantes son herramientas esenciales en tu arsenal para enseñar a tu hijo y pueden practicarse en cualquier lugar. Puede parecer un poco abrumador, pero recuerda que tú también eres susceptible de ser reforzado y te sentirás mejor cuando tu hijo empiece a responderte con más precisión.

CAPÍTULO 8

La enseñanza de habilidades verbales receptivas y otras operantes no verbales

Cuando Lucas empezó su programa Lovaas de análisis aplicado de conducta (ABA) en 1999, las primeras habilidades que trabajamos fueron las receptivas, de imitación y de igualación. Aunque Lucas tenía un centenar de palabras en su vocabulario, incluidos varios mandos e intraverbales sencillas, empezamos por donde indicaba el protocolo de Lovaas, que era con estas habilidades no verbales. Skinner describe el lenguaje receptivo como habilidades de oyente y no se centra en absoluto en el desarrollo de habilidades de imitación e igualación, ya que no las considera "conducta verbal".

Pero eso no significa que no sean importantes. En los programas actuales de Conducta verbal, enseñar a los niños a responder a estas operantes no verbales es importante y se produce al principio de la programación. Estos programas son estupendos para empezar porque son fáciles de inducir; ya que el niño no necesita hablar y todos los niños necesitan aprender a seguir instrucciones (habilidades receptivas), para participar en un programa de conducta verbal. Las primeras instrucciones que le des a un niño deben ser siempre lo suficientemente sencillas como para que las siga o para que puedas evaluar que no las sigue. Lo bueno de las habilidades receptivas es que no requieren que el niño hable y a muchos niños les resulta fácil cumplirlas. La ventaja es que puedes dar impulso a todas tus programaciones porque incluso una pequeña respuesta de tu hijo será recompensada.

Enseñar estas habilidades a menudo puede hacer que pase de la falta de obedecimiento y la frustración al aprendizaje.

Enseñar habilidades receptivas o de oyente

Hace poco oí hablar al Dr. Mark Sundberg, que ha sustituido el término "habilidades receptivas" por el de "habilidades de oyente". El Dr. Sundberg dijo que Julie Vargas, la hija de B. F. Skinner, llevaba años intentando que cambiara la terminología porque Skinner creía que el término "receptivo" era demasiado cognitivo. De la misma manera que pensaba que la palabra "expresivo" era demasiado vaga para describir los mandos, los tactos, los intraverbales y las ecoicas, creía que "desarrollar habilidades de oyente" era una forma mejor de describir el proceso de evaluación y desarrollo de esta habilidad.

El lenguaje receptivo o las habilidades de oyente incluyen la capacidad de responder a las ayudas de otra persona. Un niño con habilidades receptivas responderá adecuadamente cuando le digas: "Aplaude", "Ponte en la fila" o "Ponte los zapatos". Incluso antes de que un niño de desarrollo típico pueda hablar, será capaz de seguir instrucciones para alcanzar un pañuelo, encontrar el mando a distancia o señalar a mamá. Si miras los hitos de los niños con desarrollo típico (www.firstsigns.org tiene una lista) verás que el lenguaje receptivo es fuerte incluso antes de que el niño tenga un año.

Los niños con diagnóstico de autismo no suelen tener un buen repertorio de oyente cuando se les diagnostica, ya que estas habilidades están muy retrasadas o, en algunos casos, retroceden después del año de edad. Probablemente te hayas dado cuenta de que tu hijo no siempre responde cuando se le llama por su nombre o cuando le pides que coja sus zapatos. También es posible que no sea capaz de seguir órdenes sencillas como "Da una palmada" o "Toca la cabeza".

Lucas tenía muy poco lenguaje receptivo antes de empezar con ABA. Me di cuenta de esto sobre todo cuando nació mi hijo Spencer, cuando Lucas tenía 18 meses. Recuerdo que les decía a mis amigos que Lucas simplemente no "entendía" y que era ajeno al nuevo bebé. Cuando un fotógrafo vino a nuestra casa para hacer fotos poco después de que Spencer llegara a casa del hospital, el fotógrafo le dio a Lucas un rollo de película y le pidió que lo tirara a la basura. Lucas tiró rollo al suelo y corrió en círculos.

Unos meses más tarde, poco después del segundo cumpleaños de Lucas, cuando estaba claro que necesitaba logopedia, escribí en su formulario de evaluación que podía tocar las partes de su cuerpo si lo solicitaba. Más tarde me di cuenta de que sólo lo hacía cuando le leía un libro de Barney el dinosaurio sobre las partes del cuerpo, mientras él seguía tocándose la cabeza, la nariz, las rodillas y los dedos de los pies en el mismo orden. En ausencia del libro de Barney, la capacidad de Lucas para identificar receptivamente las partes de su cuerpo era escasa.

La buena noticia para los que están empezando un programa es que, una vez que empezamos nuestro programa ABA con Lucas, sus habilidades receptivas del lenguaje crecieron rápidamente. Su capacidad de seguir instrucciones y otras habilidades receptivas del lenguaje son ahora sus puntos fuertes.

Mejorar las habilidades de lenguaje receptivo en el ambiente natural

El procedimiento de ayuda, del que se trató en el capítulo 7, es una intervención importante para enseñar a tu hijo a seguir instrucciones.

Como he mencionado en capítulos anteriores, no vincules el nombre de tu hijo a las demandas. Responder a su propio nombre es una habilidad que muchos niños con diagnóstico de autismo no poseen. Limitar el uso del nombre de tu hijo le ayudará a aprender a responder cuando le llamen por su nombre, porque no lo ignorará como parte de una larga lista de demandas.

Ésta es mi estrategia para conseguir que tu hijo responda a su nombre:

Dennis casi nunca responde a su nombre. En primer lugar, dile a todo el entorno que deje de utilizar o limite el uso de su nombre a lo largo del día. Después, coge varios de los reforzadores consumibles o fáciles de manejar y preferidos de Dennis (patatas fritas y burbujas) y ve detrás de él cuando esté realizando otra actividad. Llámale por su nombre estando a pocos metros detrás de él y toca inmediatamente su hombro, dale la vuelta y dale una ficha. Desvanece gradualmente tu ayuda situándote un poco más lejos y retrasando el toque de su hombro uno o dos segundos. Dennis aprenderá que cuando oye su nombre, ocurren cosas buenas. Trabajar la respuesta a su nombre de este modo puede hacerse a lo largo del día, siempre que puedas darle un reforzador.

De hecho, cuando trabajes la capacidad de escuchar, sólo dale ayudas si estás dispuesta a seguir dándole ayudas. Tampoco bombardees a tu hijo con demandas constantes. Esta programación está pensada para que sea fácil al principio, para que tú y tu hijo tengáis confianza. Con ese fin, asegúrate también de hablarle en positivo por cada comentario o corrección negativa, como sugiere el Dr. Glen Latham. Él prescribe ocho comentarios positivos por cada comentario negativo. Todo el mundo tiene que estar de acuerdo con esta programación: tu cónyuge, tu niñera y tu suegra.

Si todos colaboran, verás que tu hijo empieza a seguir instrucciones sencillas en poco tiempo. Si no, seguirás viendo picos de problemas de conducta e incumplimiento. Si ese es el caso, puedes averiguar quién no está siguiendo tu protocolo observando a tu hijo interactuar con los adultos y pulsando el número de comentarios positivos en un contador, y el número de negativos en otro. Comparte tus datos con esa persona, y luego pídele que te observe interactuar con el niño y recoja otra serie de clics. En general, he comprobado que las personas sobreestiman fácilmente lo positivas que son y subestiman la abundancia de sus comentarios negativos.

Enseñar habilidades de oyente en sesiones de enseñanza intensiva

Cuando realices sesiones de enseñanza intensiva, te recomiendo que tengas un buen número de habilidades de oyente específicas antes de empezar. Sugiero iniciar varios programas receptivos durante la enseñanza intensiva, como seguir instrucciones, partes del cuerpo receptivas e identificación receptiva.

Cada programa necesitará al menos dos objetivos, para que sepas si tu hijo puede diferenciarlos. Cuando empezaba a hacer consultas, una madre trajo a su hijo Daniel, de dos años, a mi casa. Estaba muy orgullosa de que Daniel ahora aplaudía cuando se le pedía "Aplaudir" y esa habilidad estaba ahora en su registro de mantenimiento. Daniel había tardado meses en responder a ese objetivo, así que la mamá se sintió especialmente decepcionada cuando le dije que, para dominarlo de verdad, Daniel tendría que demostrar que podía discriminar entre dos o más objetivos.

Todo se reduce a esto: Cuando enseñas a un niño con diagnóstico de autismo una habilidad de forma aislada, dándole toneladas de reforzadores para esa única habilidad, te resultará muy difícil enseñarle una segunda o tercera habilidad. Cuando el terapeuta decía "Aplaude", Daniel muy probablemente oía "dah dah". Así que cuando la instrucción "Levántate" se convirtió en el objetivo, también oía "dah dah". Al juntarlos, Daniel tenía un 50% de posibilidades de acertar para recibir su reforzamiento. En realidad, no aprendió a oír "Aplaude", en absoluto. Si eliges al menos dos objetivos por programa, el niño recibe ayudas y reforzamiento desde el principio para que los diferencie correctamente.

Aplaudir, pisar, levantarse, sentarse, dar un golpecito en la mesa, saltar, darse la vuelta, levantar los brazos y cruzar las manos son buenos objetivos para tus sesiones de enseñanza intensiva. Si tu hijo ya puede cumplir alguna de estas sencillas órdenes, escribe cada objetivo adquirido en una ficha para que puedas empezar a mezclar objetivos que ya conoce con objetivos que acaba de aprender recientemente.

Una vez que tengas una lista de los objetivos que conoce, puedes evaluar o sondear cómo lo está haciendo también al principio de tu sesión de enseñanza (consulta la hoja de sondeo del Apéndice 5).

Digamos que intentas enseñar a tu hijo a responder correctamente a las peticiones: "da una palmada", "zapatea" y "levántate".

Antes de enseñar, elegirás uno de estos objetivos (no siempre el mismo; mezcla el orden) y evaluarás si el niño puede responder correctamente a la instrucción sin necesidad de darle ayudas. Si dices "Pisa fuerte", asegúrate de que tus ojos no miran los pies del niño, ya que eso sería una ayuda. Durante un sondeo, debes tener cuidado de no dar ayudas en absoluto. No levantes la voz ni mires a las manos del niño cuando digas "da una palmada", ni le toques de ninguna manera. A continuación, registra su respuesta rodeando con un círculo el "Sí" o el "No" en tu hoja de sondeo. Sólo se marcará un "Sí" si el niño responde adecuadamente sin dar ayudas. A continuación, evalúa los otros dos objetivos.

Aquí tienes un ejemplo de cómo llevar a cabo un sondeo para una habilidad receptiva:

> Instructor: "Da una palmada", dicho en un tono neutro y sin dar ayudas.
>
> Niño: Golpea la mano sobre la mesa.
>
> Instructor: Rodea el "No" en la hoja de sondeo.

Ahora que el sondeo está hecho, puedes empezar a enseñar esos objetivos. Utilizarás tanto procedimientos de desvanecimiento como de transferencia para lograr su adquisición. Cuando consulto en programas de conducta verbal que se llevan a cabo en el hogar o en la escuela y veo hojas de sondeo con muchos "No", pregunto cuánta enseñanza se ha hecho después de los sondeos. Me resulta útil observar entonces las sesiones de enseñanza para ver si hay problemas de transferencia o desvanecimiento.

Como traté en el capítulo 7, cuando empiezas a enseñar una nueva habilidad, es posible que tengas que utilizar una ayuda física completa y luego desvanecer a una ayuda imitativa total y luego a una ayuda imitativa parcial. Tendrás que entrenar cada objetivo varias veces dentro de la sesión de enseñanza para tener una buena oportunidad de obtener una respuesta correcta en el sondeo del día siguiente. El sondeo es una importante herramienta de evaluación, pero tienes que presentar bastantes ensayos cada día, para cada uno de tus objetivos.

A continuación, te explicamos cómo enseñar una orden receptiva como "Pisa fuerte": Antes de dar una orden, como "Pisar fuerte" o "Levántate", debes colocar al niño de modo que estéis frente a frente, ambos sentados en sillas. Esto es importante, porque si tu hijo está sentado en una mesa y le das la indicación "Pisa fuerte" y luego apartas la silla de la mesa, estarás dando ayudas. Recuerda que estás trabajando la capacidad de escuchar. No estás enseñando a tu hijo a entender tus ayudas físicas, así que no le des ninguna ayuda visual.

> Instructor: "Zapatea". Inmediatamente pon las manos suavemente sobre las rodillas del niño y haz que los pies suban y bajen con ayuda física completa.
>
> Niño: Zapatea, con una ayuda física completa del instructor.
>
> Instructor: "Bien... zapatea fuerte..." toca ligeramente las rodillas del niño.
>
> Niño: Zapatea, con menos ayuda.
>
> Instructor: Entrega el reforzador mientras sonríe y dice: "Un buen pisotón".
>
> Instructor: "Palmada".

La siguiente destreza a trabajar, o incluso al mismo tiempo, ya que es muy similar a la destreza de escuchar, es una programación de partes del cuerpo receptivas. Si combinas programas, puedes elegir tres objetivos, como "Da una palmada", "Zapatea" y "Toca la cabeza". El programa de partes del cuerpo enseñará a tu hijo a tocar diferentes partes del cuerpo cuando se lo ordenen. Empieza por las partes del cuerpo más grandes y elige zonas que no estén demasiado cerca unas de otras. Elegir el vientre y la cabeza sería bueno, mientras que seleccionar la nariz y los ojos probablemente estarían demasiado cerca unos de otros como objetivos iniciales.

Haz un sondeo de los objetivos antes de empezar a enseñar, igual que hiciste con las órdenes receptivas. Además, al igual que con las habilidades auditivas, las habilidades sobre las partes del cuerpo requieren una cuidadosa mezcla de procedimientos de ayuda, desvanecimiento y transferencia.

He aquí un ejemplo de cómo enseñar las partes del cuerpo receptivas a un niño que sabe imitar:

> Instructor: "Toca la cabeza", y luego modela inmediatamente tocando su propia cabeza.
>
> Niño: Toca la cabeza, siguiendo el modelo.
>
> Instructor: "Toca bien la cabeza", mientras retira la mano de su cabeza y la pone en posición neutra.
>
> Instructor: "Toca la cabeza", sin dar ayudas.
>
> Niño: Se toca la cabeza.
>
> Instructor: "Toca el vientre", e inmediatamente modela tocando su propio vientre.

Ambos ejemplos muestran que es importante cambiar de objetivo durante la enseñanza. No te centres en "Toca la cabeza" diez veces seguidas y luego pases a "Toca la barriga". Tienes que enseñar a tu hijo a escuchar tus palabras y a aprender a discriminar desde el principio. La tercera programación receptiva que voy a describir es la identificación receptiva (ID receptiva). Si tu hijo no tiene capacidad receptiva, tendrás que empezar por poner un solo objeto en la mesa y pedirle que lo toque. Por ejemplo, puedes poner un zapato de bebé sobre la mesa y decir: "Toca el zapato". A continuación, levanta el zapato en el aire y dile al niño que "Toca el zapato" de nuevo. Puede que tu hijo tenga que aprender lo que significa "tocar".

Una vez que tu hijo domine esa habilidad o si empieza la enseñanza con cierta capacidad receptiva; enséñale a discriminar entre dos objetos o dos dibujos y luego ve aumentando poco a poco el número de objetos de la mesa. Muchos niños se desenvuelven mejor con la identificación de los objetos reales, pero he visto algunos que se desenvuelven mejor con las imágenes al principio. Con el tiempo, utilizarás tanto las imágenes como los objetos.

Cuando hiciste la evaluación (descrita en el capítulo 3), te animé a que empezaras a reunir una caja transparente de objetos tridimensionales que pudieran utilizarse tanto para igualar como para la identificación receptiva. Necesitarás estos objetos a mano para esta fase de tu enseñanza.

También querrás reunir un recipiente con objetos reforzantes que tu hijo pueda emitir mandos, así como dos fotos idénticas de cada uno de estos objetos. Puedes hacer fotos de los objetos reales o recurrir a la pestaña de imágenes de Google. Haz clic en la pestaña de imágenes para encontrar y copiar una foto de esa manera. Puedes utilizar estos elementos e imágenes para enseñar todas las operantes.

Utilicemos a Robert para mostrarte cómo empezar esta enseñanza. Robert puede tocar un elemento reforzante cuando se sostiene en diferentes posiciones, así como cuando está sobre la mesa. Pero Robert tiende a querer tocar y jugar con sus objetos reforzantes, así que lo mejor para él es empezar poniendo dos o tres objetos comunes (no reforzantes) sobre la mesa y evaluar cuáles puede tocar sin ayuda.

Necesitarás tener al menos tres objetos para trabajar. Aunque Robert pueda tocar el zapato cuando le digas "Toca el zapato" y también pueda tocar la taza cuando le digas "Toca la taza", no es seguro que domine esos objetivos. Con sólo dos cosas en la mesa, hay un 50% de posibilidades de que acierte. Si tiene tres o, preferiblemente, más objetos, sabrás mejor si tu hijo ha dominado el objetivo.

Mientras trabajas con tu hijo, harás que los objetos sean más parecidos a medida que progrese, probando el zapato frente a la sandalia o el vaso frente a la botella. Una vez que domine el elemento en un campo de tres elementos, entonces aumentarás el número de elementos en la mesa hasta que tu hijo pueda identificar el elemento en un campo de seis o más elementos.

El procedimiento de enseñanza de la identificación receptiva es una mezcla de procedimientos de transferencia y de desvanecimiento cuidadoso de las ayudas.

Robert está aprendiendo la identificación receptiva en un campo de tres elementos, y utilizaremos elementos tridimensionales reales para trabajar sus habilidades. Cuando trabajes con tu hijo, ten cuidado de no colocar las tarjetas o los objetos de la misma manera y mezcla las tarjetas en cada sesión de enseñanza. Presta atención a ver qué tarjetas elige tu hijo para evaluar si elige sólo la tarjeta del centro o la de la izquierda o la de la derecha. Asegúrate de que la colocación de las cartas tampoco sea ordenada, porque eso puede provocar que el niño se vuelva obsesivo durante la sesión y empiece a mostrar problemas de conducta.

> Instructor: Pone un zapato, una taza o un coche real sobre la mesa, dice "Toca el coche" e inmediatamente señala o toca el coche (ayuda gestual).
>
> Robert: Toca el coche.
>
> Instructor: "Bien, toca el coche".
>
> Robert: Toca el coche sin ayuda.
>
> Instructor: "¿Dónde está tu cabeza?" (Una habilidad adquirida.)
>
> Robert: Toca la cabeza.
>
> Instructor: "Bien, ¿dónde está el coche?" sin dar ayudas.
>
> Robert: Toca el coche.
>
> Instructor: Enciende la tablet para ver un breve fragmento de un video y elogia a Robert.

La introducción de habilidades adquiridas ("¿Dónde está tu cabeza?", en el ejemplo anterior) se denomina "ensayo de distracción". Esto ayuda a separar el ensayo provocado para la identificación receptiva del ensayo independiente. El objetivo es que, durante la prueba de mañana, Robert obtenga la respuesta correcta sin necesidad de dar ayudas. Dale práctica para que responda con más independencia durante la sesión, introduciendo respuestas adquiridas, le ayudará a conseguir ese objetivo.

Enseñar habilidades de imitación

Los niños de desarrollo típico les resulta fácil imitar, no se requiere mayor esfuerzo para enseñarles esta habilidad. Sin embargo, los niños con diagnóstico de autismo suelen tener un déficit básico en su capacidad de imitar a otros, y suelen tener habilidades de imitación extremadamente pobres. Por lo general, no los verás imitar a otros niños pequeños que juegan con juguetes, ni imitar a sus padres haciendo tareas, ni imitar los movimientos de las manos de los otros niños durante la hora del círculo en el preescolar.

La capacidad de imitación es una habilidad extremadamente importante que hay que enseñar a los niños que tienen un déficit en esta área. En los programas ABA de Lovaas, lo primero que se enseña es la imitación motora gruesa, que implica movimientos como pisar fuerte o aplaudir. A continuación, los consultores de Lovaas recomiendan pasar a la imitación motora fina y luego a la imitación motora oral y, por último, a la imitación vocal. Esta fue la secuencia utilizada para enseñar a Lucas, que empezó sin habilidades de imitación, ni capacidad de hacer ecoicas. Aunque la secuencia funcionó, pasaron meses hasta que llegamos a los ejercicios de imitación verbal. Yo también, me tomo muy en serio la imitación cuando utilizo el enfoque de la conducta verbal. Sin embargo, no hay que esperar a que las habilidades de imitación motora sean sólidas para empezar a trabajar las habilidades de imitación ecoica o verbal. Abordaré la operante ecoica en el próximo capítulo, pero ahora es el momento de que aprendas cómo enseñar habilidades de imitación motora.

Hay dos programas de imitación que suelo poner en marcha para un alumno principiante: la imitación con juguetes/objetos y la imitación motora gruesa. Una crítica común a los programas ABA de conducta verbal y Lovaas es que no se centran lo suficiente en las habilidades de juego. De hecho, los críticos se quejan de que lo único que nos interesa es el lenguaje y que los niños pequeños lo aprenden todo, incluido el lenguaje, mediante el juego. Sin embargo, como analista de conducta, he llegado a la conclusión de que no a todos los niños les gustan los juguetes o el juego simbólico o tener algún interés en jugar. Sé que voy a tener que enseñar habilidades de juego igual que he enseñado habilidades de lenguaje. Lo hago de la misma forma que todas las lecciones: emparejo juguetes que al niño le interesan poco con reforzadores potentes.

La imitación de juguetes es una buena forma de empezar. Se puede empezar incluso con un alumno principiante y se incorpora fácilmente a tu programa de mandos. Los juguetes también son estupendos porque los niños te verán jugar y no tendrán ni idea de que están haciendo un trabajo.

Empieza con juguetes para bebés, si es ahí donde está el interés de tu hijo. Saca tu juego de martillo y pelota, tus peonzas y tus juguetes emergentes. Otros buenos juguetes para empezar son las tazas de té y las cucharas, los Lego, una granja o casa de muñecas y los coches de juguete. Comienza la programación teniendo dos juguetes idénticos, para que tú y tu hijo tengáis cada uno un juguete. Dale la instrucción "Haz esto" mientras realiza la actividad, como hacer que el coche vaya hacia delante o hacia atrás en la alfombra o remover la cuchara en la taza de té. A continuación, coge inmediatamente la mano de tu hijo y dale ayudas para que juegue. A continuación, empieza a desvanecer la ayuda, como has hecho con todas tus enseñanzas hasta ahora.

Elige sólo unos pocos objetivos para empezar. Puedes decir "Haz esto" y remover la cuchara en la taza de té, ayudar y desvanecer, y luego dar la instrucción "Haz esto" y simulas darle de comer con una cuchara. Este tipo de enseñanza ayuda a tu hijo a aprender a discriminar entre los distintos usos de la cuchara. Si sólo seleccionas un objetivo con la cuchara en la taza de té, lo más probable es que tu hijo vea la taza de té y la cuchara, oiga "Haz esto" y coja la cuchara y la remueva.

Aquí tienes un ejemplo, con Kelly:

> Instructora: "Haz esto", mientras hace rodar el coche hacia delante y hacia atrás, y luego proporciona inmediatamente una ayuda física completa para que Kelly haga rodar su coche hacia delante y hacia atrás.
>
> Kelly Hace rodar su coche hacia delante y hacia atrás con una ayuda.
>
> Instructor: "Bien, haz esto", mientras rueda el coche hacia delante y hacia atrás (señala el coche de Kelly o da una ayuda física parcial, si es necesario).
>
> Kelly: Hace rodar el coche hacia delante y hacia atrás con una ayuda gestual.
>
> Instructor: "Buen trabajo... aquí hay lápices de colores y papel" (artículos preferidos.)

Además de un programa de imitación de juguetes, te recomiendo que inicies un programa de imitación motora. No es mala idea seleccionar respuestas a las que también te dirijas para tu programa receptivo, de órdenes y de partes del cuerpo. Estas habilidades se transferirán fácilmente entre operantes y facilitarán el dominio de los objetivos. Al hacer esto, asegúrate de que estás sondeando con precisión. Una de las primeras veces que estuve en un aula de conducta verbal observé a una de las profesoras evaluando las habilidades de un niño. Estaba diciendo "Aplaude" mientras ella misma aplaudía. La detuve y le pregunté qué operante estaba evaluando. Si estaba evaluando la habilidad receptiva, no debería haber proporcionado una ayuda visual de la acción. Si estaba evaluando la habilidad de imitación, no debería haber dado la ayuda auditiva de decir "Aplaude". La evaluación de cada habilidad debe hacerse por separado.

Las habilidades de imitación se evalúan siempre con la orden "Haz esto". Sin embargo, una vez completada la prueba, se revela la verdadera ventaja de elegir los mismos objetivos. Durante la enseñanza puedes utilizar procedimientos de transferencia entre las operantes, por lo que probablemente verás que tu hijo es capaz de dominar los objetivos con más rapidez y generalización.

He aquí un ejemplo de enseñanza de una habilidad de imitación motora con Julie:

> Instructor: "Haz esto", mientras da palmas y da una ayuda física parcial.
>
> Julie: Da palmas.
>
> Instructor: "Haz esto", mientras aplaude.
>
> Julie: Da palmas sin dar ayudas.
>
> Instructor: "Haz esto", y toca la cabeza con ambas manos.
>
> Julie: Se toca la cabeza con ambas manos (sin ayuda, ya que era una habilidad conocida previamente).
>
> Instructor: "¡Genial! Haz esto", y da unas palmadas.
>
> Julie: Da palmadas sin ayuda.
>
> Instructor: "Buen trabajo", y le hace cosquillas con una pluma.

Enseñanza de habilidades de desempeño visual y de igualación

La última área de habilidades, no es una operante verbal, es el área de desempeño visual. Las habilidades de los principiantes en esta área incluyen la construcción de puzles, así como emparejar objetos e imágenes idénticas.

Es hora de reunir tus cajas de objetos idénticos, así como de tarjetas idénticas. Algunos niños se desenvuelven mejor con estas habilidades cuando utilizas objetos (reales o imágenes) que son reforzadores potentes. Cuando evalúes estas habilidades de igualar, deberás utilizar las palabras "iguala" o "pon con lo mismo" o no utilizar ninguna palabra y entregarles una tarjeta cada vez.

Sin embargo, cuando enseño esta habilidad, me parece útil utilizar siempre el nombre del objeto y usar el signo si el niño utiliza el lenguaje de signos en lugar de, o además de, la palabra "iguala". Esto ayuda a incorporar el lenguaje y las palabras sencillas en la programación del niño. Es posible que tu hijo empiece a captar el nombre del objeto y sea capaz de identificarlo receptivamente, si oye las palabras con más frecuencia. Incluso es posible que tu hijo empiece a hacer ecoicas de tus palabras; como resultado de emparejar la palabra con la actividad de emparejamiento.

He aquí cómo sería la enseñanza de esta habilidad, trabajando con Josh y tres objetos sobre la mesa:

> Instructor: Coloca la cuchara, la figurita de plástico de Barney el dinosaurio y un pequeño gato sobre la mesa. A continuación, entrega a Josh otra figurita idéntica de Barney y dice "Barney" mientras hace un gesto para que Josh coloque su figura de Barney junto a la de Barney de la mesa.
>
> Josh: Coloca a Barney junto a Barney.
>
> Instructor: "Bien", y luego coge la otra figura de Barney igual y se la devuelve a Josh. "Iguala con Barney".
>
> Josh: Iguala con Barney sin necesidad de darle ayudas.
>
> Instructor: Sopla burbujas.

Cuando enseñes a emparejar, no permitas que el niño juegue con los objetos con los que estáis trabajando. Si crees que Josh es incapaz de igualar a Barney en la mesa sin juguetear con el juguete, deberás elegir otros objetos para igualar, o puedes utilizar imágenes en lugar de las figuritas. El mismo procedimiento se utiliza para igualar imágenes y objetos tridimensionales. Una vez que Josh se haya convertido en un experto de igualar fotos con fotos y objetos reales con objetos reales, puedes mezclar las cosas haciéndole emparejar fotos con objetos reales. Esto es especialmente importante si piensas utilizar cualquier tipo de programación de imágenes en tu programa.

Los puzles pueden ser una parte divertida de tu programación, ya que muchos niños con diagnóstico de autismo tienen una gran orientación visual y pueden servir de reforzador eficaz. La obsesión de un niño por terminar un puzle o por montarlo en un orden especial puede servirte de ventaja si le animas a emitir mandos por el objeto o las piezas del puzle. También en este caso, deberás bombardear a tu hijo con lenguaje mientras completa los puzles.

Si tu hijo forma parte de la minoría a la que no le gustan los puzles, puedes seguir trabajando esta habilidad emparejando cuidadosamente los puzles con reforzadores potentes. Puedes probar a mantener la televisión encendida y hacer que el niño mueva una pieza del puzle, aunque sea ligeramente, en la dirección correcta para que caiga en el lugar adecuado, donde le das un reforzador adicional. El encadenamiento hacia atrás también es bastante eficaz. Un ejemplo de esto es que le des a tu hijo un puzle que esté armado excepto una pieza, y luego haz que el niño complete la tarea. Una vez que haya completado con éxito, a falta de una sola pieza, deja dos piezas fuera del puzle la próxima vez.

Cuando estés preparado para trabajar en las habilidades de los puzles, compra puzles pensados para niños más pequeños, como los que tienen objetos de la casa o animales de la granja. Puedes darle a tu hijo la pieza del cerdo y decirle “Cerdo, cerdo, cerdo”. Entonces el niño puede colocar el cerdo en su sitio en el puzle con o sin tu ayuda.

Este es un ejemplo de cómo enseñar a Connor a completar un puzle de mascotas con todas las piezas en su sitio, excepto el perro:

> Instructor: Le da a Connor una pieza de puzle con un perro y le dice: “Perro, perro, perro”, mientras le da ayudas para que la ponga en el lugar correcto.
>
> Connor: Coloca el perro, con la ayuda.
>
> Instructor: Retira la pieza del perro y se la devuelve, diciendo “Bien... perro, perro, perro”.
>
> Connor: Coloca la pieza del perro en el puzle sin ayuda.

El desarrollo de habilidades receptivas, de imitación y de desempeño visual en una fase temprana de la programación de la conducta verbal tendrá un efecto maravillosamente positivo en la conducta de tu hijo. Estas habilidades, si se trabajan con frecuencia, aumentarán la obediencia de tu hijo, mejorarán tu capacidad para dar ayudas y practicar el desvanecimiento de las mismas, y muy a menudo mejorarán las habilidades lingüísticas de tu hijo.

El próximo capítulo te mostrará cómo enseñar a tu hijo cada una de las diferentes operantes verbales, y verás que el procedimiento básico de cada operante es el mismo que se muestra en este capítulo. La diferencia, sin embargo, es dar ayudas. Como no puedes obligar a un niño a hablar, es importante que trabajes en las habilidades en las que puedas incitar, y que tu hijo pueda tener éxito, para que aprenda a recibir reforzadores. Esto le dará un incentivo para cumplir con las habilidades que son más difíciles.

Además, trabajar en estas habilidades te ayudará a convertirte en un mejor maestro en la enseñanza de la conducta verbal, trabajando en tus habilidades de ayuda y desvanecimiento hasta que tengas soltura y puedas ver tu propio éxito.

No dudes en volver a este capítulo si tu mismo necesitas un poco de reforzamiento.

CAPÍTULO 9

La enseñanza de las operantes verbales

Los obstáculos más importantes en los que tendrás que trabajar son asegurarte de que tu hijo está bien emparejado con su(s) instructor(es) y de que puede emitir mandos para varios objetos que están a la vista.

Una vez alcanzados esos hitos, es el momento de empezar a enseñarle las demás operantes verbales: tacto, ecoica y habilidades intraverbales.

Aunque son importantes, las operantes no verbales tratadas en el capítulo 8 no deben ser el centro de tu programa. Tu objetivo es conseguir que tu hijo se comunique vocalmente o con lenguaje de signos u otro sistema lo antes posible.

Asegúrate de que las sesiones de enseñanza intensiva de conducta verbal (VB) incluyan muchas oportunidades para que el niño practique dando respuestas verbales, en lugar de depender en gran medida de las operantes no verbales que caracterizan a los programas estándar de Análisis de Conducta Aplicada (ABA).

La razón por la que se hace hincapié en las operantes no verbales en los programas ABA con ensayos discretos es que son más fáciles de estimular y pueden enseñarse a niños no vocales, al tiempo que refuerzan las respuestas correctas. Cuando superviso programas domésticos o escolares y evalúo la programación planificada y las sesiones de enseñanza intensiva, busco una buena mezcla de todas las operantes verbales, incluso con niños que aún no son vocales. Quiero que al menos el 50% de todos los ensayos incluyan respuestas verbales, tanto el lenguaje de signos como el hablado están bien. Es más difícil enseñar las operantes verbales, pero si no pierdes de vista tu objetivo, un niño que pueda comunicarse, verás que el trabajo extra merece la pena.

Ya has aprendido a emitir mandos. Tu hijo debe ser capaz de emitir mandos para varias cosas antes de pasar a los demás operantes. El emitir mandos también debe producirse sin un modelo verbal o una ayuda para hacer los signos apropiados. Con demasiada frecuencia veo que los terapeutas se apresuran a enseñar las otras operantes antes de que el niño pueda emitir mandos, y eso es con demasiada frecuencia una receta para el desastre.

El niño debe tener habilidades para emitir mandos porque le enseñarás muchos de los tactos, ecoicas e intraverbales iniciales dentro del "marco de mandos". Eso significa que utilizarás los mandos que el niño domina y transferirás esas habilidades a otras operantes verbales. Si tu hijo no es capaz de decir o utilizar los signos de una palabra cuando está claramente motivado para tener un objeto, tampoco podrás enseñarle a tactar el objeto ni a dominar una ecoica. Emitir mandos debe ser siempre lo primero.

Cómo enseñar a tactar

Un "tacto" es una etiqueta de algo que se ve, se oye, se huele, se saborea o se toca. El antecedente de un tacto es alguna forma de estímulo, el objeto real, una imagen, un sonido o un olor y la consecuencia de un tacto es un reforzamiento indirecto, como un elogio.

Técnicamente, el antecedente de un tacto "puro" no incluirá la pregunta del instructor: "¿Qué es?". Debe provenir de que el niño se dé cuenta de algo en su ambiente y lo comente. "¡Mira, hay una vaca!" o "Huelo a tocino". Este tacto espontáneo y puro suele ser un mando para llamar la atención, y ése es un aspecto en el que los niños con diagnóstico de autismo suelen ser muy deficientes. Emitir mandos para llamar la atención vendrá mucho más tarde en su programación. Así que no es realista esperar que se enseñe a tactar sin hacer la pregunta: "¿Qué es?".

Otra razón por la que los instructores facilitan el tacto de este modo es que un cambio de estímulo en el ambiente nos sirve para crear muchas oportunidades de enseñanza. Algunos niños con diagnóstico de autismo necesitarán cientos de ensayos de enseñanza por objeto antes de dominar la habilidad. Un niño típico puede captar una nueva palabra de vocabulario tras oírla una sola vez, pero esto no suele ocurrir con los niños con diagnóstico de autismo.

Por eso, simplemente, el antecedente de un tacto incluirá tanto el estímulo, la imagen o el sonido, por ejemplo, como una pregunta del instructor (¿Qué es? ¿Qué oyes?).

Éste es sólo un caso en el que el uso de la conducta verbal no es blanco o negro. Habrá muchas veces en las que un niño o un adulto diga algo y te darás cuenta de que es en parte mando y en parte tacto. O parte tacto y parte intraverbal. No te preocupes demasiado por eso, ya que tu objetivo es que el niño se comunique. En realidad, la mayor parte del lenguaje tiene un "control múltiple", lo que significa que interviene más de una operante. Lo aprovechamos durante la enseñanza intensiva mezclando operantes y transfiriendo el control de una a otra.

Tactar incluye etiquetar lo que se ve, pero también lo que se huele, se oye, se saborea y se toca. En este capítulo se explica cómo enseñar a un niño a tactar estímulos visuales y auditivos.

Comienza tactando lo que ve, seguido de lo que oye en el ambiente (aquí también se abordan los ruidos de los animales). Tactar un olor, o cómo sabe o siente algo, es algo abstracto que se enseña más tarde. Otras habilidades avanzadas para tactar son los colores, las características (la pantalla de un ordenador), los adjetivos (caliente frente a frío) y las preposiciones (el tren está en la vía frente al tren está fuera de la vía). No pienses en absoluto en estas habilidades avanzadas ahora mismo. No necesitarás llegar a ellas hasta que tu hijo pueda tactar cientos de objetos sencillos.

He visto a niños recién diagnosticados de autismo etiquetar cosas como una silla amarilla, o llamar "rojo" a un camión de bomberos. Los padres y profesionales con buena intención les enseñan a etiquetar colores, características, funciones e incluso preposiciones antes de que se establezca una base sólida. Si enseñas los colores y las habilidades más avanzadas demasiado pronto, se producirá confusión, agrupaciones lingüísticas extrañas y problemas de discriminación condicional.

Si enseñas a un niño a etiquetar "silla amarilla", o le enseñas a decir "el camión de bomberos es rojo", puede empezar a identificar todas las sillas como amarillas o llamar rojos a todos los camiones de bomberos. Es mucho mejor conseguir que los niños obtengan un repertorio sólido con los tacos básicos y luego, con el tiempo, enseñarles los colores. Sólo después de que tu hijo aprenda estos conceptos por separado y con soltura deberías intentar combinar el color y el tacto. Piensa en la construcción del lenguaje como una pirámide, asegurándote de que tienes una base sólida antes de añadir otra historia.

Recuerda que si le preguntas a tu hijo: "¿Qué es?" y levantas una silla, la respuesta debe ser "silla". Y si levantas esa misma silla y le preguntas "¿De qué color?", la respuesta debe ser "amarillo". La respuesta "silla amarilla" en respuesta a cualquiera de estas preguntas es un error importante que debe corregirse. A menos que tu hijo domine 100 o más tactos sencillos, evita que tacte colores, características y otros conceptos abstractos.

Una vez que tu hijo haya dominado los aspectos básicos, continuarás de la misma forma con las habilidades más avanzadas. Las técnicas para enseñar los tactos serán similares, independientemente del estímulo.

Bien, ya sabes que tu hijo puede emitir mandos para diez objetos que están a la vista. Reúne los objetos que tu hijo ve como reforzantes, y por los que puede emitir mandos, así como fotos de todos los objetos que domina como mandos.

La técnica de transferencia de un mando a un tacto funcionará mejor si utilizas fotos de los reforzadores, ya que tener los objetos reales creará el potencial de motivación, lo que significa que tu hijo emitirá mandos por un objeto, en lugar de tactar. Si a tu hijo le gusta un determinado tipo de caramelo y lo emite mandos cuando lo tiene a la vista, es probable que lo haga, en lugar de tactar. Enseñar al niño a tactar la imagen del objeto reforzante después de que emita mandos por el objeto real suele tener más éxito.

También es más fácil trabajar con imágenes cuando haces una sesión de conducta verbal mixta. Almacenar 100 imágenes de objetos es simplemente más fácil que almacenar los objetos. Sin embargo, asegúrate de tener algunos de los objetos reales, ya que es más funcional para el niño tactar un zapato y una taza real, en lugar de, limitarse a tactar fotos de esos objetos. Algunos niños generalizarán con facilidad y, cuando se les enseñe a tactar una foto de una taza, serán capaces de tactar varias tazas diferentes en el ambiente natural, pero otros necesitarán una instrucción específica no sólo sobre la diferencia entre una taza real y una foto de una taza, sino también sobre los distintos tipos de tazas. Ten en cuenta estas cosas cuando trabajes con las habilidades de tactar de tu hijo, para que puedas crear tu programa en consecuencia.

Como con todos las operantes, tendrás que realizar sondeos para evaluar qué objetos puede tactar tu hijo con o sin ayudas. Si tu hijo ha sido capaz de tactar varias imágenes de elementos reforzantes y elementos comunes a veces, crea una lista de todas esas palabras y luego comprueba qué elementos puede tactar. Pon un signo positivo junto a las palabras que puede tactar y un signo negativo junto a las palabras en las que se equivoca o no produce ninguna respuesta. Puedes considerar que las palabras con un plus ya dominan el tacto, por lo que no necesitarás sondear o enseñar estos tactos.

No es raro ver a niños nuevos en la programación de la conducta verbal sin habilidades para tactar. Si eso es lo que le ocurre a tu hijo, busca en su lista de mandos dominados posibles objetivos. Utiliza palabras para las que tu hijo pueda hacer mandos (galleta, columpio, gato, leche, tapa) y utiliza esas palabras en todos las operantes verbales y no verbales. Para la mayoría de los niños con diagnóstico de autismo, tactar suele ser más difícil de dominar que las operantes no verbales, así que asegúrate de que tienes el hábito de tantear siempre primero el tacto. No quieras decir "Toca galleta" como sondeo para un objetivo receptivo y luego intentar evaluar un tacto diciendo "¿Qué es?", porque ya le has dado al niño la ayuda de que el objeto es una galleta.

Aquí tienes un ejemplo de sondeo de tactos, en el caso de Ryan:

> Instructor: Sostiene una imagen de una galleta (la galleta debe parecerse a una marca que Ryan conozca y emita como mandos) y dile: "¿Qué es?"
>
> Ryan: Señala "Galleta".
>
> Instructor: "Buen trabajo" mientras sopla burbujas (reforzador) y anota un "Sí" en una hoja de registro de sondeos.
>
> Instructor: Sostiene una imagen del columpio de Ryan y dile "¿Qué es esto?"
>
> Ryan: Señala "Salto" (error).
>
> Instructor: Baja la mano de Ryan y vuelve a levantar la foto del columpio y dile: "¿Qué es esto?", moviendo inmediatamente las manos para darle ayuda para que haga el signo de "columpio", mientras dice "Columpio".
>
> Ryan: Hace el signo de "Columpio" con toda la ayuda.
>
> Instructor: "Bien, ¿qué es esto?" sosteniendo de nuevo la imagen del columpio.
>
> Ryan: Hace el signo de "Columpio".
>
> Instructor: "¡Bien, es un columpio!" mientras hace el signo de "Columpio". Registra un "No" en la hoja de registro de sondeos.

Para registrar un "SÍ" en la hoja de datos de registro, el niño debe responder en tres segundos y no debe encadenar ninguna otra respuesta con la correcta. No puede autocorregirse y obtener reforzamiento por un tacto correcto. Si utiliza el lenguaje de signos, la respuesta debe ser igualmente clara. Si dice varias palabras antes, incluso incluye el tacto correcto, se cuenta como un "NO" en la hoja de registros.

En el ejemplo anterior con Ryan, la instructora tuvo que hacer una corrección de errores antes de registrar el "NO" en la hoja de sondeo, porque incluso durante un sondeo hay que corregir los errores. Si Ryan fuera vocal, la única diferencia, referente al registro, sería que Ryan debe decir la palabra correcta en lugar de hacer el signo. La corrección de errores también sería la misma.

Los objetivos en los que el niño se equivoca durante la evaluación del sondeo deben enseñarse durante la sesión de enseñanza. Ryan, en este caso, necesitaría más instrucción para tactar el dibujo del columpio.

John es un niño de seis años con lenguaje. Los dos reforzadores a los que se ha dirigido son coche y zumo. Puede decir estas dos palabras y emitir mandos cuando los tiene a la vista. Se han tomado fotos de ambos objetos para que emita los mandos y los tactos para los objetos seleccionados.

> Instructor: Tienes un coche y un zumo de verdad, además de tenerlos en fotografía.
>
> Juan: Dice: "Zumo".
>
> Instructor: Sostiene una imagen de zumo y dice: "¿Qué es?... Zumo".
>
> Juan: Hace ecoica de "Zumo".
>
> Instructor: "Bien... ¿qué es?" mientras sigue sosteniendo el dibujo del zumo.
>
> Juan: "Zumo".
>
> Instructor: Le da a Juan el zumo como reforzador.

Algunos terapeutas tienen éxito utilizando los mandos dominados por el niño y transfiriendo las habilidades de "igualar a la muestra" al tacto. A los niños que utilizan el lenguaje de signos les va especialmente bien, porque el instructor puede emparejar la palabra con el signo. El instructor le entrega una imagen y, una vez que igualan un elemento de alta preferencia, imagen a imagen, el instructor sostiene entonces sólo una de las imágenes y dice: "¿Qué es?" Como unos segundos antes el niño ha visto el signo y ha oído la palabra, hay más posibilidades de que diga o realice el signo de la respuesta correcta.

Aquí tienes un ejemplo de cómo sería ese ensayo:

> Instructor: Tiene dibujos de caramelos, columpios y patatas fritas sobre la mesa. Le da a Aarón un dibujo idéntico al de los caramelos y le dice "Caramelo".
>
> Aarón: Iguala la foto del caramelo con la foto del caramelo.
>
> Instructor: Levanta la foto superior del caramelo y dice: "¿Qué es?".
>
> Aarón: Dice "Caramelo".

También puedes probar un procedimiento de transferencia de receptivo a tacto. Esto ha resultado ser muy útil para Lucas y fue el centro de mi investigación y de mi publicación en 2005 en El análisis de la conducta verbal.

He aquí cómo sería esa transferencia:

> Instructor: Tiene fotos de un camión, de un horno y de una pasta de dientes sobre la mesa y dice: "Toca el horno".
>
> Sam: Toca la foto del horno.
>
> Instructor: Coge la foto del horno y dice: "¿Qué es?"
>
> Sam: "Horno".

Seguirás enseñando a tactar de esta manera hasta que tu hijo pueda tactar todos los objetos para los que también puede hacer mandos, y entonces empezarás a enseñarle los objetos comunes que no son reforzantes utilizando los mismos procedimientos de transferencia y ayuda.

Enseñar habilidades ecoicas

Enseñar a un niño a imitar lo que dices suele abrir las puertas del lenguaje. Un niño que puede y quiere hacer ecoicas tiene muchas más posibilidades de responder a una ayuda ecoica y a menudo proporciona un puente para transferir habilidades entre operantes.

El antecedente de una ecoica es sólo un estímulo verbal, por lo que, para obtener una verdadera respuesta ecoica, el objeto o la imagen real no pueden estar presentes. Para evaluar las habilidades de tu hijo, le dirás: "Di pelota" cuando no haya ninguna pelota presente.

Si tu hijo no tiene esta habilidad, necesitará una instrucción sistemática para desarrollarla. Se trata del mismo proceso que con todas las operantes, ofrecer ayudas, desvanecimiento y la corrección de errores. El objetivo será una verdadera respuesta ecoica, pero para los alumnos principiantes, lo mejor es empezar a enseñar dentro del "marco de mandos". De hecho, es probable que ya hayas conseguido que tu hijo haga ecoicas de tus palabras cuando emite mandos para obtener reforzadores.

No quieres sentar a tu hijo y hacer ecoicas sin tener reforzadores presentes, porque probablemente le causará problemas de conducta y aversión al trabajo. En su lugar, utiliza procedimientos de transferencia para ayudar a tu hijo a aprender esta habilidad.

He aquí un ejemplo de transferencia de ecoica:

> Instructor: Tiene preparadas las burbujas.
>
> Abby: "Burbuja" (un mando).

Instructor: Sopla burbujas mientras dice: "Burbuja... burbuja... di burbuja", mientras esconde el recipiente de burbujas bajo la mesa o fuera de la vista, si es posible. A continuación, muestra y sostiene el recipiente de burbujas y, si Abby no tiene una respuesta inmediata, vuelve a modelar "burbuja".

Abby: Hace la ecoica de "burbuja" después de que el instructor diga "burbuja" (con el recipiente de burbujas escondido).

También puedes hacer otro procedimiento de transferencia con tarjetas de elementos no reforzantes, para que el niño haga el mando con la imagen de un elemento, y luego dándole la vuelta a la tarjeta e intentando de nuevo la habilidad de la ecoica, sin ningún estímulo visual.

La habilidad de emitir ecoicas, probablemente mejorará la articulación, sobre todo si tu hijo puede colocarse de forma que te mire de frente y pueda observar tu boca. Ralentiza tus palabras o segmenta los sonidos mientras exageras tus movimientos faciales, ya que esto también puede ayudar a mejorar la articulación.

Enseñar habilidades intraverbales

La última operante verbal que enseñarás es la operante intraverbal. Esta operante es la capacidad de responder a una pregunta, que es esencial para la conversación. Muchos padres de niños con diagnóstico de autismo, entre los que me incluyo, anhelan que su hijo converse con ellos. Ahora sé que en realidad no se trata de un proceso mágico, sino que se necesitan procedimientos sistemáticos para desarrollar las habilidades conversacionales. Realmente creo que un día Lucas mantendrá una verdadera conversación conmigo. Ya mantenemos pequeñas miniconversaciones, ya que puede responder a preguntas sencillas, pero Lucas sigue necesitando instrucción sobre cómo hacer y responder a "preguntas con qué, cuál, por qué, cuándo o por qué".

He aquí un ejemplo de una conversación típica de adultos, con las operantes mostradas:

Ana: Nunca te había visto por aquí (tacto/mando de atención). ¿Eres nueva en la zona (mando de información)?

Jayme: Sí, me he mudado aquí recientemente desde Nueva Jersey (intraverbal).

Ana: Oh, ¿en qué parte de Nueva Jersey (mando de información)?

Jayme: Ventnor; está cerca de Atlantic City (intraverbal).

Anne: ¡Me encanta Atlantic City (intraverbal/mando de atención)!

Jayme ¿Te gusta apostar (mando de información)?

Anne: ¡Sí (intraverbal)!

Como puedes ver, una conversación típica implica una mezcla de tres operantes verbales. Los tactos o comentarios avanzados suelen ser mandos para llamar la atención y suelen servir para iniciar conversaciones. Pueden incluir afirmaciones como: "Me encanta tu camisa" o "Hace un día precioso. El tiempo es perfecto". La segunda parte de las conversaciones son mandos para obtener información, preguntando cosas como: "¿Dónde vives?" "¿Cómo llegas allí?" y "¿Por qué has hecho eso?". Estas habilidades avanzadas de emitir mandos necesitan una instrucción explícita para los niños con diagnóstico de autismo y se enseñan mucho más tarde, quizá meses o incluso años después de que tu hijo pueda emitir oficialmente mandos para objetos y acciones.

La última parte de una conversación son las respuestas intraverbales (respuestas a las preguntas con qué, quién, cómo, cuándo, dónde o por qué).

El antecedente de una intraverbal es sólo un estímulo verbal, pero a diferencia de la operante ecoica, que espera que el alumno diga la misma palabra que el instructor, la respuesta intraverbal requiere un conjunto de palabras completamente distinto al que contiene la clave del instructor.

Puede parecer un poco confuso, pero en realidad la enseñanza de las habilidades intraverbales principiantes suele ser fácil, porqué se trata de completar frases, como rimas infantiles y canciones. Como he mencionado anteriormente, mi marido se topó con la capacidad de Lucas de completar la última palabra de varias frases en unas cuantas canciones cuando Lucas tenía sólo dos años. También he evaluado a muchos niños y he conseguido que completan las frases durante la evaluación, a pesar de que los padres informaban de que sus hijos eran incapaces de hacerlo.

Para empezar a enseñar las habilidades intraverbales, elige canciones con las que el niño esté familiarizado y escuche a menudo. El tema de Barney "Te quiero" funciona de maravilla para los niños pequeños. "El viejo McDonald tenía una granja" también es una buena opción, especialmente para los niños que tienen una voz mínima, porque rellenar la "O" después de cantar "E, I, E, I" o cantar los sonidos de los animales, como "be" o "muu", suelen ser respuestas fáciles.

Enseñar las intraverbales también puede ser una habilidad funcional y practicarse a lo largo del día, porque en muchas guarderías y aulas de preescolar hay actividades en las que se cantan estas canciones con frecuencia.

Las oraciones, los himnos, las canciones populares también pueden enseñarse de forma similar a los niños mayores y a los adultos.

Si tu hijo es vocal, elige oraciones a completar que requieran una palabra que sepas que el niño puede decir. Lo mejor es empezar eligiendo una canción que al niño le guste y le motive. Empieza cantando la canción, "Las ruedas del autobús", por ejemplo, de forma lenta y clara, con cierta animación, y luego deja la última palabra en silencio durante uno o dos segundos, por ejemplo "Las ruedas del…" Si el niño no responde, canta la palabra y acentuándola lo máximo que puedas. Luego intenta cantar la canción de nuevo.

Así es como Nathan, aprendió esta habilidad:

Instructor: "Las ruedas del (pausa de dos segundos) ... ¡Autobús!"

Nathan: Se sienta y sonríe.

Instructor: "Las ruedas del A ___".

Nathan: "Autobús".

Instructor: "Excelente decir autobús... Vamos a intentarlo una vez más... Las ruedas del…."

Nathan: "Autobús".

Instructor: "¡Da una vuelta y (pausa de dos segundos) una vuelta!"

Elige sólo dos o tres palabras objetivo para cada canción que cantes. Por ejemplo, puedes tener como palabras objetivo "autobús" y "rueda" para esta canción, y luego las palabras "tú" y "yo" para la canción de Barney "Te quiero". En estas dos canciones, las palabras objetivo aparecen con frecuencia y la mayoría de los niños disfrutan cantándolas. Una vez que Nathan domine las cuatro palabras objetivo, elige algunas palabras adicionales de estas canciones o introduce otras nuevas.

Cuando el niño domine la última palabra de varios versos de muchas canciones, empieza a encadenar hacia atrás y deja las dos últimas palabras de la frase. Si Nathan domina "estrella" cuando cantas "Brilla, brilla, pequeña ", tu siguiente objetivo sería la frase "pequeña estrella".

No esperes más de dos o tres segundos para completarla, ya que no podrás hacer que tu hijo diga las palabras. Si esta técnica no funciona, puedes probar a sostener una estrella de juguete o un dibujo de una estrella como ayuda, y luego utilizar un tacto para la transferencia intraverbal.

Aquí tienes un ejemplo de cómo sería eso:

Instructor: Sostiene el dibujo de una estrella. "¿Qué es esto?"

Nathan: "Una estrella".

Instructor: "Sí". Deja la estrella en el suelo. "Brilla, brilla, pequeña" sostiene la estrella y canta "ESTRELLA" en voz alta. "Vamos a intentarlo de nuevo. "Brilla, brilla, pequeña " sostiene el dibujo de la estrella.

Nathan: "Estrella".

Instructor: "Qué bien que dices estrella... Brilla, brilla, pequeña". No se muestra ninguna imagen.

Nathan: "Estrella".

Instructor: Sigue con la siguiente frase de la canción.

El mismo proceso funciona para las rimas infantiles o para actividades divertidas o comunes.

El completar oraciones a lo largo del día puede ayudar a integrar el lenguaje sin dejar de ser muy lúdico. Los niños que utilizan el lenguaje de signos se beneficiarán más, si utilizas signos que ya conocen (sus mandos dominados). Si el niño sabe hacer el signo "pelota" cuando quiere jugar con una pelota, completar una intraverbal sencilla podría ser la frase "Bota, bota la..." O si le gustan las burbujas, podrías decir: "Sopla algunas..." y dejar que el niño tacte "burbujas".

Probablemente te preguntes cómo se transfiere todo esto a una conversación significativa. No lo hace de inmediato. Este es el punto de partida. Una vez que tu hijo pueda cantar frases de canciones y domine bastante bien el completar oraciones, puedes pasar a otro nivel. Mira la lista de tactos que domina para ingeniar las siguientes intraverbales.

La lista de tactos debería tener ya docenas de tactos conocidos, como cama, gato, lápiz y pizza, así que empieza con estos tactos para trabajar las características o funciones. Utilizarás estos tactos para trabajar en la enseñanza de las características, funciones o clase utilizando enunciados descriptivos que terminen con el sustantivo. Dirías: "Duermes en una " y el niño debería responder "cama", o "Miau, miau, hace el " y esperar la respuesta "gato".

Al comenzar esta fase avanzada, utiliza sustantivos que puedan ser representados en una imagen. Esto es importante porque, aunque es fácil provocar la afirmación "Algo con que se escribe es un " con la imagen de un lápiz, es mucho más difícil provocar la frase "Un lápiz es algo que se usa para..."

La mayoría de los niños no serán capaces de responder a preguntas qué, cuándo, dónde cómo, por qué, por ejemplo; «¿Dónde duermes?», hasta que puedan completar oraciones con dichas palabras.

Una vez que tu hijo haya respondido correctamente al rellenar los espacios de una oración incompleta, puede empezar a desvanecer las ayudas visuales y transferir las habilidades a preguntas más completas con los elementos de pregunta: qué, cuándo, dónde cómo y por qué.

He aquí algunos ejemplos de transferencia de un relleno sencillo a que Colin responda a una pregunta con qué, quién, cómo, cuándo, dónde o por qué. Para que la respuesta sea verdaderamente intraverbal, no debe estar provocada por ninguna ayuda visual.

Instructor: "Duermes en una..."

Colin: "Cama"

Instructor: "Bien... ¿Dónde duermes?"

Colin: "En la cama"

Instructor: "Bebes de una..."

Colin: "Taza".

Instructor: "Bien... ¿Con qué bebes?"

Colin: "Taza"

Por favor, asegúrate de que sólo trabajas con palabras que tu hijo pueda tactar con soltura; por ejemplo, si tu hijo no puede tactar la palabra "coche", probablemente obtendrás una respuesta confusa o un no a tu pregunta: "Algo con ruedas es un..."

Aprendí esta lección por las malas con Lucas hace unos años, cuando le enseñaron a responder "avión" a la pregunta "¿Qué tiene alas?". Meses después me di cuenta de que habíamos cometido un error de programación cuando le señalé las alas de un avión y le pregunté a Lucas qué nombre recibía esa parte del avión, ya que era incapaz de etiquetar las alas.

No tiene sentido que tu hijo memorice frases que tienen poco significado para él y que no son funcionales en su mundo. Así que asegúrate de enseñarle a tactar el objeto, así como las características relevantes de los objetos, antes de hacer que aprenda a responder a preguntas intraverbales sin los objetos presentes.

También estuve una vez en una clase en la que se pedía a los alumnos que completaran la oración: "Algo con cerdas es…" y la respuesta debía ser "Escoba".

Los alumnos no sólo no podían tactar las cerdas cuando se les mostraba una escoba de verdad, sino que había muy pocos niños de desarrollo típico que conocían dicho término.

Si trabajas con un niño de diez años que tiene el nivel de un niño de tres años, respecto al desarrollo del lenguaje, elige tactos e intraverbales que sean apropiados para un niño de preescolar. Asegúrate de que sigues practicando el tacto también, mientras trabajas las respuestas intraverbales, pues de lo contrario el tacto puede venirse abajo. Si empiezas a oír que tu hijo empieza a llamar a un gato "Miau" o a un dibujo de una pizza "Come pizza", sabrás que algunos de los tactos no eran lo suficientemente fuertes. Sería una buena idea en este momento retener los objetivos intraverbales que están debilitando los tactos y volver a conseguir que los tactos simples sean fluidos.

Las habilidades intraverbales superiores, como la capacidad de responder a la pregunta "¿Qué hiciste el fin de semana pasado?" o "¿Qué has hecho hoy en el colegio?" son más complejas y difíciles de enseñar. Puedo ofrecer algunos consejos si tu hijo llega a este nivel.

1. No hagas preguntas de las que no sepas la respuesta. Coordina con el profesor de tu hijo la forma de saber lo que ha hecho ese día en el colegio, y puedes proporcionarle ayudas, si es necesario.
2. Una vez que tu hijo haya dominado todas las habilidades intraverbales básicas, practica estas habilidades intraverbales de alto nivel utilizando algunos videos o libros favoritos. Haz una pausa en el video o cierra el libro y formula algunas preguntas con qué, quién, cómo, cuándo, dónde o por qué.
3. La clave para enseñar habilidades intraverbales y de tacto que aprendí en la clínica del Dr. Carbone es no dar ayudas directas. Quieres que el niño empiece a hacer algo de resolución de problemas y a dar respuestas flexibles. Así, si Woody está debajo de la cama en la película *Toy Story* y tu hijo no da ninguna respuesta o dice "no lo sé" a la pregunta "¿Dónde está Woody?", no le darías ayuda: "Debajo de la cama". En su lugar, podrías señalar la cama y decir: "¿Qué es esto?" y tu hijo diría "La cama" y tú dirías: "Así es, ¿dónde está Woody?" mientras señalas su ubicación bajo la cama. Después de que el niño pueda responder con éxito a tus preguntas con un vídeo

puesto, es el momento de hacer que responda a preguntas intraverbales sin estímulos visuales presentes. Esta habilidad es especialmente difícil. Ni siquiera intentes enseñar las habilidades intraverbales y de tacto hasta que tu hijo tenga mucha soltura con las preposiciones y pueda tactar todos los objetos, acciones y personajes de la película o el libro antes de intentar actividades como ésta.

Ahora ya conoces los fundamentos de un programa de conducta verbal. Es el momento de reunirlo todo en un plan individualizado, sólo para tu hijo.

CAPÍTULO 10

Pongámoslo todo en orden

Ahora que conoces los principios del análisis aplicado de conducta (ABA) y de la conducta verbal (VB), podrás elaborar un programa específico para tu hijo (si eres padre o madre) o para todos tus alumnos (si eres profesional).

Al igual que en todos los capítulos de este libro, recomiendo un enfoque lento y fácil que incorpore estas técnicas a tu vida diaria (tu ambiente natural) y que luego comience con sesiones de enseñanza intensiva.

Aplicación de ABA-VB en el ambiente natural

Una de las mayores quejas que oigo de los padres es que no quieren implicarse mucho en la terapia de su hijo. Los oigo decir: "Sólo quiero ser un padre, no quiero ser el terapeuta o el maestro de mi hijo". Enseñar, les digo, es lo que hace todo padre. Un padre es el primer y mejor profesor de un niño de desarrollo típico, y eso es aún más cierto para los padres de niños con diagnóstico de autismo u otras deficiencias importantes. Esos niños sencillamente no aprenden bien sin una instrucción explícita, así que no hay forma de que te quedes en segundo plano y seas "sólo un padre".

Nuestros hijos necesitarán cientos de repeticiones y necesitan que los procedimientos de corrección de errores se realicen a lo largo del día, no sólo cuando están en una sesión de enseñanza. Si los errores o los problemas de conducta reciben reforzamiento de una u otra manera, aumentarán y tu hijo no progresará. La coherencia de tu programación es esencial para que tu hijo aprenda.

Por eso, cuando me preguntan cuántas horas al día debe recibir un niño la programación ABA-VB, mi respuesta es siempre "durante la mayor parte o todas sus horas de vigilia".

¡No te asustes! Esto no significa que tengas que contratar a alguien para que vaya a tu casa las 24 horas del día y tenga a tu hijo en la sala de terapia o en una mesa 100 horas a la semana, pero sí significa que tendrás que dedicar un buen rato a la semana a sesiones intensivas de enseñanza.

Sin embargo, es igualmente importante que todos los padres y cuidadores comprendan los principios de ABA y la conducta verbal, de modo que incluso un viaje a la tienda de comestibles pueda ser una experiencia de aprendizaje. Puede ser una terapia tan importante como la que recibirían de un terapeuta de conducta o un logopeda. Hay un tipo específico de enseñanza llamado enseñanza en el entorno natural o NET[9] que es un ejercicio artificial y planificado e incluye tomar datos, pero que se produce en el entorno natural del niño, no en la sala de terapia. Incorporar la conducta verbal en el ambiente natural es un poco diferente, ya que es algo que ocurre en el día a día mientras tu hijo hace su vida. Necesitarás tanto una enseñanza en el entorno natural como el ensayo intensivo.

Enseñanza con ensayos intensivos en tu programación

En primer lugar, puedes crear un hogar en el que la conducta verbal se incorpore a la vida diaria.

Estas estrategias pueden ser utilizadas por todos los adultos que trabajen con el alumno que tiene un trastorno del desarrollo o un trastorno significativo del lenguaje. Cuánta más coherencia muestren todos los que trabajan con el niño, mejor le irá al alumno. Tendrás que explicar tus estrategias a todas las personas de la vida del niño: padres, abuelos, niñeras, terapeutas y profesores.

Estos conceptos se han explicado con más detalle en los capítulos anteriores de este libro, pero aquí tienes la lista de cosas que debes tener en cuenta:

1. Sé más positivo con tu hijo. Utiliza ocho aspectos positivos para cada comentario negativo o constructivo.
2. Reduce las demandas dándole instrucciones que sean fáciles, que puedan ser provocadas y que estés dispuesto a cumplir.
3. Sé siempre amable con el niño. No grites ni utilices la fuerza física para conseguir que obedezca
4. Limita el uso del nombre de tu hijo, sobre todo cuando le exijas o le digas que no.
5. Empieza a identificar los posibles reforzadores, y asegúrate de etiquetarlos dos o tres veces, cada vez que se los entregues a tu hijo (lo harás vocalmente, o vocalmente más por señas, si tu hijo aún no es vocal).

9 N. del E.: *Natural Environment Teaching*, en inglés, en el original.

6. Etiqueta las cosas a lo largo del día con frases de una o dos palabras en un tono ligeramente acentuado, más lento y animado ("arriba, arriba, arriba", mientras subes las escaleras con tu hijo).
7. No respondas a los problemas de conducta retirando las demandas o permitiendo que el niño tenga acceso a los reforzadores mientras se produce el problema de conducta. Enseña a tu hijo que los problemas de conducta no le dan lo que busca.
8. Corrige los errores, dale ayudas y haz ensayos de transferencia a lo largo del día. Cada vez que le indiques a tu hijo que dé una respuesta, o si tienes que corregir algo que ha dicho, asegúrate de hacerle la pregunta una segunda vez para obtener una respuesta más independiente.

Empieza a poner en práctica estas ocho sugerencias a lo largo del día. Probablemente verás un cambio en tu hijo muy rápidamente. Tú también deberías empezar a sentirte mejor al ver que tu hijo se vuelve más feliz y obediente. Estas ocho sugerencias son un buen punto de partida porque no requieren la recogida de datos ni la documentación, pero todas están sólidamente respaldadas por décadas de investigación ABA.

Si puedes encontrar formas de incorporar estas estrategias a tu vida diaria, estarás en camino de incorporar un enfoque conductual a la enseñanza de tu hijo.

Iniciar las sesiones de terapia

Puede que seas un padre que quiere comprometerse a una hora diaria de enseñanza intensiva, un terapeuta conductual contratado para "hacer conducta verbal" durante tres horas al día o un logopeda que ve al niño una vez a la semana durante 30 minutos. En todos estos casos, vas a necesitar algunas orientaciones para organizar tu sesión de enseñanza intensiva antes de sentirte cómodo con el enfoque de la conducta verbal.

En primer lugar, tendrás que ver en qué punto de su funcionamiento general se encuentra el niño. Deberías empezar a obtener esta información rellenando el formulario de evaluación de la conducta verbal (véase el Apéndice 2), así como determinar qué tipos de elementos y actividades considera el niño que le refuerzan.

Siempre que sea posible, solicita la ayuda de todas las personas que trabajan con el niño, para evaluar a fondo su funcionamiento actual y determinar los posibles reforzadores.

Una vez recogidos esos datos, empezarás a emparejarte con los elementos y actividades reforzantes. Ve despacio. Piensa que eres una abuela que mima a un niño, no una excavadora que entra para forzar el aprendizaje (consulta el capítulo 4 si necesitas repasar las estrategias de emparejamiento).

El primer problema que probablemente surja cuando intentes enseñar por primera vez es el problema de conducta. Esto es de esperar porque la mayoría de los niños que comienzan estos programas tienen dificultades para emitir mandos, por lo que se comunican con su conducta física. Toma algunos datos sobre la evaluación y el tratamiento de los problemas de conducta (consulta el capítulo 2 si es necesario) y elabora un plan de intervención sobre la conducta. Durante las sesiones de conducta verbal seguirás haciendo un seguimiento de los problemas de conducta y aplicando las estrategias explicadas en el capítulo 2 para reducirlos. Si observas constantemente problemas de conducta durante las sesiones de VB, considera la posibilidad de consultar a un analista de conducta certificado (BCBA) que pueda guiarte en estas técnicas. Estas evaluaciones de conductas serán continuas, ya que pueden surgir nuevos problemas de conducta sobre la marcha.

Además de poner en práctica estrategias para tratar los problemas de conducta, empezarás un programa de mandos. El tema de los mandos se trata a fondo en el capítulo 5, pero hay algunos consejos adicionales que deberás conocer para incorporar ensayos de mandos a un programa de conducta verbal. Tendrás que crear cientos de oportunidades para que tu hijo emita mandos a lo largo del día. Y asegúrate de que el niño no tiene ni idea de que está trabajando, incorpora lentamente tus demandas. Sin embargo, emitir mandos no debe hacerse durante las sesiones de ensayos intensivos. Debe enseñarse durante las sesiones de enseñanza en entorno natural.

¿Qué significa eso exactamente? Los consultores de conducta verbal están un poco en desacuerdo con esto, pero yo creo que mientras la motivación esté presente durante la sesión, puede considerarse enseñanza en entorno natural, aunque se produzca en la mesa de terapia, donde suele tener lugar los ensayos discretos. Emitiendo mandos, por su propia naturaleza, se produce dentro de la enseñanza en entorno natural, ya que implica motivación.

Las sesiones de ensayos discretos se reconocen con más facilidad porque suelen realizarse en la mesa y tienen un ritmo rápido, son mixtas y variadas, con objetivos claros, toma de datos y algún tipo de programa de reforzamiento de razón variable. Pero las sesiones de ensayos intensivos también pueden tener lugar en el suelo, al aire libre en una mesa de picnic o en el mostrador de la cocina, siempre que el estilo de enseñanza se ajuste a los criterios. Durante las sesiones de enseñanza de ensayos intensivos es necesario que haya reforzadores potentes, y normalmente los emite el instructor sin que el niño emita mandos.

Los niños de un programa de conducta verbal necesitan ambos tipos de enseñanza, aunque la proporción puede variar. Cuando inicies un programa con tu hijo, casi toda la enseñanza será en entornos naturales, pero esto es difícil para los niños mayores que están escolarizados, porque gran parte de ese aprendizaje tiene lugar en un ambiente no lúdico. Si el niño está en una mesa durante gran parte de su aprendizaje, asegúrate de que sus terapeutas y/o profesores tengan muchos reforzadores que puedan ser entregados en la mesa. No quieres un niño que se levante constantemente de la mesa para intentar ir a su reforzador. Recomiendo tener una tablet en la mesa de trabajo. Eso, junto con otros objetos, comestibles y actividades, puede hacer que la mesa sea muy reforzante. Recuerda que quieres que el niño corra alegremente a la zona de trabajo, sea donde sea y sea lo que sea.

La enseñanza en entornos naturales está planificada y tiene un propósito, e implica captar y crear motivación. Incluye hacer que el niño emita mandos, y responda a intraverbales sencillas y practique el tacto generalizado. Si tienes una actividad de plastilina, el niño puede hacer mandos para que abras el bote. Luego puedes hacer una serpiente con la plastilina y tu hijo puede tactar la "serpiente". Por último, puedes hacer que complete frases: "Sssss, Ssssss, hace la...".

La enseñanza en entornos naturales es para la mayoría de los terapeutas a los que he entrenado, más difícil de hacer, sobre todo si no dominan los fundamentos de la conducta verbal. Aunque la enseñanza se base en el juego, sigue siendo necesario ser preciso. La creatividad es esencial, porque si sacas la misma plastilina y haces la misma serpiente todos los días, es probable que tu hijo se aburra y empiece a responder de forma memorística.

Las actividades han de incluir algo de motivación y un programa de reforzamiento de razón variable. Una buena enseñanza parece que un adulto y un niño se divierten y juegan. Pero, si tu hijo está acostumbrado a jugar solo con su casa de muñecas y tú te sientas a su lado y empiezas a plantear demandas y a hacer preguntas, tu presencia podría ser aversiva. Esto será muy contraproducente, ya que la casa de muñecas también perderá su condición de reforzador.

Sesiones de enseñanza intensiva

La imagen que la mayoría de la gente tiene en su cabeza de la terapia de conducta verbal es que se trata de una sesión de enseñanza intensiva a un ritmo rápido. Aunque esto es cierto, sólo puedes hacer la enseñanza intensiva cuando hayas digerido completamente los fundamentos del enfoque de la conducta verbal. Si intentas llevarlas a cabo sin tener información de ABA y de conducta verbal, será difícil, si no imposible, realizar la enseñanza intensiva correctamente.

La enseñanza intensiva es importante. Nuestros hijos necesitarán mucha, mucha, todos los días para conseguir avances significativos. Aunque es posible hacer tu propia enseñanza de ensayos intensivos, ésta es el área en la que, si es posible, querrás poner tus recursos económicos. Esta área debe individualizarse y actualizarse a medida que tu hijo progresa.

Iniciar las sesiones de enseñanza intensiva

En primer lugar, calcula cuánto tiempo necesita tu hijo estar en una mesa haciendo la enseñanza de ensayos intensivos al día, si es que lo hace. Cuando Lucas pasó del programa ABA-Lovaas a un programa de conducta verbal en el año 2000, ya se sentía cómodo estando casi todo el tiempo de trabajo en una mesa. En ese momento llevaba dos años en el preescolar y tenía una buena conducta para sentarse y, de hecho, le gustaba sentarse en la mesa para hacer el trabajo.

Antes de poner en práctica la enseñanza de ensayos intensivos, asegúrate de que la mesa que vas a utilizar está bien emparejada con los reforzadores. Coloca la tablet y ten a mano los demás reforzadores. Mientras trabajas en el emparejamiento de la mesa con los reforzadores, puedes empezar a trabajar en tareas de recepción, imitación y desempeño visual dentro de tus sesiones. Algunos niños necesitarán que dejes la televisión o la música encendida mientras completan un puzle para que no sientan que la diversión ha terminado y que las demandas seguirán. Muy pocos niños se sienten cómodos cuando se retiran los reforzadores de forma brusca y se presentan demandas.

Apaga gradualmente el televisor mientras le das caramelos y luego vuelve a encenderlo. Luego apaga la televisión y haz que haga el mando para ver el clip de una película. Luego vuelve a encender el televisor. Luego apaga el televisor y pídele que haga una habilidad de imitación sencilla. Luego vuelve a encender el televisor.

Haciendo esto, con el tiempo podrás aumentar tu razón variable y comenzar las sesiones de enseñanza de ensayos intensivos reales.

Para hacer adecuadamente la enseñanza de ensayos intensivos tendrás que estar muy organizado, con objetivos, materiales y hojas de datos y debes llegar a dominar las "habilidades en la silla".

Organizar los objetivos, los datos y los materiales es el paso más fácil, ya que se puede hacer por la noche, cuando el niño duerme o antes de que llegue a tu consulta, si eres un profesional.

A continuación, te explicamos cómo organizarte:

Paso 1

Empieza a elaborar tu programación, evaluando a tu hijo. Sin la evaluación no sabrás qué materiales, objetivos u hojas de registro vas a necesitar. El formulario de evaluación de la conducta verbal (Apéndice 2) te ayudará.

Es importante que, mientras realizas la evaluación, mantengas algún tipo de documentación sobre lo que tu hijo sabe y no sabe, llevando una hoja de registro de habilidades (véase el Apéndice 4) para cada programa que vayas a poner en práctica. Haz la evaluación y toma datos simultáneamente. No es raro que haga una consulta sobre un programa y el terapeuta haya registrado en la Evaluación de las Habilidades Básicas del Lenguaje y el Aprendizaje (ABLLS) que un niño tiene 50 tactos, pero no hay registro de lo que puede tactar y lo que no. Documenta esos detalles mientras evalúas y te resultará mucho más fácil elaborar una programación.

Recomiendo rellenar una hoja de registro para cada una de estas habilidades y poner que está adquirido en la columna de "fecha" para indicar que se trata de una habilidad dominada previamente. En esta hoja también deberían de enumerarse las habilidades que aún no se dominan y que te servirán de ayuda para seleccionar los objetivos. Estas hojas de registro deben guardarse en una carpeta de anillas con pestañas para que puedas encontrar fácilmente las programaciones de receptivo, tactos, las intraverbales, etc. Esta carpeta también debería incluir una copia del formulario de evaluación, la evaluación de reforzadores, los datos de conducta y las antiguas hojas de sondeo.

He aquí un ejemplo de algunas de las programaciones que recomendaría para un alumno precoz que acaba de empezar un programa de conducta verbal. Para cada uno de ellos habría que registrar por separado:

Instrucciones receptivas (aplaudir)

Partes del cuerpo receptivas (tocar la cabeza)

Identificación receptiva (tocar la vaca)

Imitación de juguetes (hacer rodar el coche hacia delante y hacia atrás)

Imitación motora (haz esto... da una palmada, no digas "da una palmada")

Igualación tridimensional (3D con 3D... cerdo)

Igualación en 2D (2D con 2D...caramelo)

Tactos (haz tres columnas, 3D, 2D, y generaliza a tres imágenes)

Ecoica (decir "pelota")

Intraverbales

Paso 2

Selecciona dos o tres objetivos para cada programación y escríbelos en la hoja de sondeo semanal (véase el Apéndice 5 como ejemplo). Te recomiendo que guardes la hoja de sondeo semanal, así como cualquier otro dato diario (la hoja de recuento de mandos, Tabla 5.1, y tus datos del ABC, Tabla 2.1) en una carpeta. De este modo tendrás fácil acceso a ellos a lo largo del día. A medida que vayas seleccionando tus primeros objetivos, indicarás la fecha de inicio de los mismos en tu hoja de seguimiento de habilidades.

Paso 3

He trabajado con distintos sistemas de organización y creo que la mejor manera de mantenerse organizado es un sistema de tarjetas. Si empiezas el sistema al principio de tu programación y lo mantienes añadiendo una tarjeta cada vez que se domina un objetivo, también debería de funcionarte. Cuando empieces, escribe todas las habilidades conocidas del niño en fichas separadas. Algunos consultores recomiendan utilizar una ficha de color diferente para cada operante. Todas las instrucciones receptivas, incluidas las partes receptivas del cuerpo, se escribirían en tarjetas rosas, las habilidades de imitación en tarjetas verdes y todas las habilidades intraverbales en tarjetas moradas. Si al principio te resulta más fácil utilizar tarjetas blancas y codificarlas por colores más adelante utilizando puntos de diferentes colores en la esquina derecha de la tarjeta, también está bien.

El sistema de tarjetas es importante porque, a medida que tu hijo adquiere destrezas, resulta imposible mantener en la cabeza todos los elementos dominados. Esto significa que tu hijo puede no practicar algunas habilidades y tú puedes caer en el uso de distractores conocidos, como "Toca la cabeza" y "¿Dónde está tu nariz?", mientras que es más ventajoso para el niño practicar habilidades más difíciles, como "Duermes en una...".

Esa destreza es mucho más compleja y conducirá a otras destrezas como "Dime un mueble" o "Dime algo suave".

Las tarjetas con imágenes se utilizan para tactar de forma sencilla y son fáciles de tener organizadas y listas. La imagen es una ayuda, por lo que el instructor sólo tiene que decir: "¿Qué es?".

Otras destrezas, como "Aplaudir" y "Hacer esto" (levantando ambos brazos por encima de la cabeza) se practican mejor si las destrezas dominadas se guardan en fichas. Escribe sólo una destreza en cada tarjeta (véase la Tabla 10.1). Tactar objetos tridimensionales también será más fácil, ya que el instructor puede objetos reales que estén en la sala, y una ficha de tacto con la ayuda "¿Qué es?".

Tabla 10.1 Ejemplos de tarjetas con conductas objetivo ya aprendidas		
Toca la nariz	Da palmas	Di "plátano"
¿Qué es esto? (OREJA)	¿Dónde vives? (p.ej., Calle Nueva, núm. 1)	Haz esto (tocar las palmas)
¿Qué estoy haciendo? (LLAMAR A LA PUERTA)	Las ruedas del (AUTOBUS)	A la nanita (NANA)

Coloca todo el sistema de fichas de respuestas conocidas en una caja de plástico o de zapatos junto con las imágenes que tu hijo pueda tactar, y marca esta caja como "adquiridas".

Después, escribe cada objetivo (dos o tres habilidades desconocidas de cada programa) en su propia ficha. Coloca las habilidades objetivo en una ficha de color distinto al de las habilidades adquiridas y guarda las fichas de adquisición en una caja similar pero separada.

Guarda todos estos materiales en una caja transparente, y marca las mini cajas y los materiales de forma clara para que cualquier terapeuta sepa llevar a cabo la programación de conducta verbal, es decir, que pueda sentarse y trabajar el programa. Aunque seas el profesor principal de tu hijo, es probable que haya más de un terapeuta que realice las sesiones, y cuanto más organizado, mejor.

Paso 4

Los objetivos se revisan semanalmente y tienes que hacer un registro de ello. La mayoría de los niños, una habilidad se considera adquirida una vez que tu hijo ha obtenido tres síes consecutivos en la fase de sondeo. En cuanto esto ocurra, resalta el elemento en la hoja de sondeo para indicar que el niño ha adquirido el objetivo (en el Apéndice 5 encontrarás un ejemplo de hoja de sondeo semanal). A continuación, actualiza la hoja de registro de habilidades y escribe la fecha de adquisición junto a los ítems. Por último, coloca el objetivo adquirido en el lugar de los elementos adquiridos. Cada semana volverás a revisar la hoja de sondeo, ya que podrás quitar los objetivos dominados y añadir otros nuevos a la mezcla.

Dedica unos minutos cada día a organizar tus materiales y serás mucho más feliz. Además, dedica una hora (o menos) cada viernes por la tarde o lunes por la mañana a reescribir las hojas de sondeo, seleccionar nuevos objetivos y reunir nuevos materiales.

Ahora que tiene todo organizado, la enseñanza será más fluida y podrás trabajar en las "habilidades en mesa".

Cuando empiecen tus sesiones de ensayos intensivos, se parecerán a las sesiones de mandos con algunas demandas fáciles que se presentarán de forma intermitente. Completa las hojas de sondeo sobre los objetivos que pienses utilizar, aunque tus sesiones de ensayos intensivos se lleven a cabo en el ambiente natural. Puedes completar los datos de los sondeos mientras el niño está en el columpio, en el parque o incluso mientras come.

Introduce más demandas y aumenta la razón variable para que se exija más antes de recibir el reforzador. Pero no vayas demasiado rápido. Si lo haces, lo sabrás muy pronto, ya que es probable que los problemas de conducta se disparen a lo largo de las sesiones.

Combinar elementos fáciles y difíciles

Vale, he dicho muchas veces que hay que empezar por lo fácil y hacer pocas demandas, pero ¿qué significa eso exactamente? Empieza con tu caja de elementos conocidos. Saca un montón de palabras conocidas y otro de desconocidas e incorpóralas a tus sesiones. Utiliza primero las palabras conocidas y luego, de vez en cuando, introduce algunas palabras desconocidas de ensayo para las habilidades objetivo. Con todos los objetivos nuevos, empieza con una ayuda de cero segundos y luego un ensayo de transferencia, reduciendo al máximo la ayuda. El porcentaje de fácil a difícil puede ser de 80 a 20 o 50/50. Sin embargo, más importante que los porcentajes es que el programa de reforzamiento de RV se mantenga muy bajo.

Combinar y variar las operantes

Las sesiones de enseñanza intensiva deben incluir una mezcla fluida de los distintas operantes verbales y no verbales (a excepción de las habilidades de emparejamiento). Puedes empezar con una demanda de: “Toca la nariz” y luego tener unas cuantas fotos ya colocadas sobre la mesa y pedirle al niño que: “Toca el camión”, luego podría tocar la foto de la silla y decir: “¿Qué es eso?”. Por último, puedes terminar el recorrido con una habilidad de imitación que implique una ayuda de modelo y luego una respuesta independiente seguida de un reforzamiento.

Instrucción a ritmo rápido

Lo que más llama la atención de la gente que ve una sesión de conducta verbal es la rapidez con la que se mueve. Un terapeuta de conducta verbal experto que lleve a cabo una sesión con un alumno de nivel intermedio cuya razón variable sea de diez, debería tener hasta 20 o 25 respuestas por minuto. Combinar la instrucción a ritmo rápido con la mezcla y la variación de objetivos, así como el control de la mezcla de fácil a difícil, además de evitar y corregir todos los errores adecuadamente, parece una tarea imposible, pero te aseguro que no lo es. Aprenderás a hacerlo, si practicas.

Para llegar a ser bueno en la combinación de todo ello, practica la programación del niño con las tarjetas conocidas y las tarjetas objetivo o desconocidas con alguien con experiencia en conducta verbal que esté cerca y ofrezca retroalimentación. Si no conoces a nadie así, un equipo de dos o tres personas motivadas, como los cuidadores y terapeutas de tu hijo, pueden observarse mutuamente y ofrecer comentarios hasta que seáis muy buenos en el proceso.

Así es como puede ser una típica sesión de cinco minutos de ensayos intensivos de enseñanza con un terapeuta experto en conducta verbal al frente. Cada sesión está separada por pequeños periodos de reforzamiento.

La razón variable de Megan se fija en cinco, lo que significa que debe haber una media de cinco demandas entre los reforzadores (los ensayos de transferencia para evitar o corregir errores se cuentan como un ensayo). Las habilidades objetivo de esta sesión son tactar el coche y el zapato, imitar aplaudir y levantar los brazos, y completar la palabra "estrella" de una canción incompleta... El resto de las habilidades son elementos conocidos por Megan.

Las demandas del instructor están en minúsculas, mientras que las respuestas de Megan están en mayúsculas.

Ensayo 1

¿Qué es? ...VASO (conocido).

¿Qué son? BURBUJAS (conocidas).

Bien, ¿qué es esto? ZAPATO (ensayo con ayuda).

ZAPATO (respuesta correcta con ayuda).

Bien, ¿qué es esto? (ensayo de transferencia).

ZAPATO (respuesta correcta sin ayuda, reforzador comestible y elogios después de tres respuestas correctas).

Ensayo 2

Vamos a cantar... Brilla, brilla, pequeña (ayuda verbal parcial de cero segundos).

ESTRELLA (respuesta correcta con ayuda). Genial, vamos a intentarlo de nuevo: Brilla, brilla, pequeña (ensayo de transferencia, sin ayuda) STAR.

¡Genial! ¿Qué es esto? CAMA (habilidad conocida).

¿Qué es esto? BURBUJAS. Genial, aquí hay burbujas (reforzador entregado tras cuatro respuestas correctas).

Ensayo 3

Di pelota. PELOTA (ecoica conocida).

¿Qué es esto? SILLA (conocida).

Haz esto (da una palmada y luego le da una ayuda a Megan por los codos)

Aplaude (corrige con una ayuda física parcial).

Bien, aplaude las manos. Aplaude con las manos (ensayo de transferencia, sin ayuda) Aplaude con las manos (correcto sin ayuda).

¿Qué es esto? GATO (conocido).

Di gato. GATO (conocido ecoica).

Haz esto (mientras aplaudes).

Aplaude con las manos (correcto después de los distractores).

Megan recibe su reforzador de 30 segundos de vídeo de Bob Esponja, tras seis respuestas correctas).

Ensayo 4

¿Qué es esto? C......... ? (ayuda verbal)

COCHE (correcto con una ayuda parcial).

Correcto... ¿Qué es esto?

CAMIÓN (error en el ensayo de transferencia).

¿Qué es esto? COCHE (repite la pregunta con una ayuda verbal completa).

COCHE (correcto con una ayuda verbal completa).

Correcto. ¿Qué es esto? ¿Co _? (ensayo de transferencia con una ayuda verbal parcial).

COCHE (correcto con ayuda verbal parcial).

Haz esto (mientras aplaudes). Aplaude con las manos (sin ayuda).

Genial, haz esto (mientras pone los brazos por encima de la cabeza e inmediatamente da ayudas con una ayuda física completa).

BRAZOS POR ENCIMA DE LA CABEZA (corrige con una indicación de cero segundos). Bien, haz esto (mientras pones los brazos por encima de la cabeza).

BRAZOS POR ENCIMA DE LA CABEZA (correcto, sin ayuda).

Bien... Haz esto (mientras aplaudes con las manos).

APLAUDE CON LAS MANOS.

Impresionante (enciende el vídeo de Bob Esponja para reforzar después de cuatro respuestas correctas).

Para calcular la razón variable durante esta sesión de cinco minutos, debes sumar el número de respuestas correctas al final de cada ejecución y luego dividirlo entre las cuatro ejecuciones. En este caso serían tres más cuatro más seis más cuatro, lo que equivale a 17. Eso, dividido por 4, es 4,2. No te preocupes porque la razón variable no sea exactamente cinco, ya que esto es sólo una pequeña parte de la sesión. Si calculas la razón variable de vez en cuando, te asegurarás de mantener el rumbo. Una vez observé una sesión en la que se dieron 25 demandas antes del reforzamiento, mientras que la razón variable debía ser de 7. Por tanto, haz que otro adulto te supervise (o grábate en vídeo) para que puedas controlar tus números de vez en cuando. Quieres asegurarte de que no te equivocas con tu razón variable, así que tómate un tiempo para tomar datos al respecto.

Cuando empieces, no te preocupes por la velocidad. En primer lugar, trata correctamente los errores y trabaja en tus habilidades para dar ayudas y desvanecimiento antes de trabajar en las habilidades de enseñanza de ensayos intensivos más complejas. Recuerda que cuando aprendiste a conducir un coche o a tocar la guitarra tuviste que pensar en cada movimiento y te sentiste torpe o lento. Si condujeras un coche, no querrías ir a 110 km por hora antes de conocer la ubicación de todos los mandos del coche y de saber utilizarlos bien. La enseñanza de ensayos intensivos es lo mismo. Tu velocidad aumentará a medida que practiques y recibas comentarios de observadores.

La destreza tampoco te aísla de los errores. No te presiones demasiado para tener una enseñanza de ensayos intensivos perfecta, ya que estas habilidades deben desarrollarse. Por tanto, márcate objetivos realistas y, en caso de duda, practica tus habilidades con otro adulto que actúe como tu hijo, graba en vídeo tus sesiones y analiza tus errores más tarde.

Tus habilidades mejorarán y las de tu hijo también.

Ahora que ya has aprendido cómo empezar a incorporar un programa ABA-VB para aumentar las habilidades verbales de tu hijo y reducir los problemas de conducta, pasaremos a utilizar un enfoque conductual para mejorar las habilidades de autoayuda de tu hijo, como ir al baño y vestirse.

CAPÍTULO 11

Enseñar a ir al baño y otras habilidades de autonomía personal

Las dificultades en el lenguaje no son los únicos problemas que preocupan a los padres de niños con trastornos en el desarrollo. Los niños con retrasos carecen o tardan en dominar la mayoría de las habilidades de autoayuda, como ir al baño y vestirse. Sin embargo, es posible, utilizando las mismas habilidades que has aprendido para ayudar a tu hijo a comunicarse, enseñarle estas habilidades vitales.

Cómo enseñar el ir al baño

Cualquier padre de un niño pequeño puede decirte por qué es necesario el entrenamiento para ir al baño. Esto se hace aún más evidente cuando el niño supera la edad infantil sin esta habilidad. Mojarse y ensuciarse supone un gasto importante de tiempo, energía y recursos. Pagar pañales y toallitas durante tres años ya es bastante caro para los niños normales, pero algunos de los alumnos con los que he consultado tienen hasta 12 años y todavía no están entrenados para ir al baño. Ese gasto puede ser agobiante, sobre todo cuando ese dinero estaría mejor invertido en las necesidades lingüísticas y académicas del niño. Además, los pañales de natación y los pañales desechables suelen ser difíciles de encontrar para los niños mayores y cambiarles los pañales es tiempo que se pierde para trabajar en otras habilidades vitales.

Por último, y posiblemente lo más importante, la falta de entrenamiento para ir al baño siempre influye en las decisiones con la escuela y en el acceso a las guarderías. Los centros preescolares típicos suelen exigir que el niño esté entrenado para ir al baño antes de entrar en el aula. A muchos niños se les niega el acceso a las escuelas normales o a determinadas aulas porque, sencillamente, no por la falta de esta habilidad. La situación se vuelve aún más sombría a medida que el niño crece.

A estos niños también les resulta difícil ser aceptados en situaciones sociales y un niño de más de cuatro o cinco años que no tiene autonomía para ir al baño podría ser fácilmente condenado al ostracismo por sus compañeros típicos si tiene un accidente o defeca en público. Esto suele afectar a toda la familia, ya que los hermanos del niño también podrían sentirse avergonzados por ello.

Los expertos llevan mucho tiempo diciendo que es complejo llevar a cabo el entrenamiento del baño con personas con diagnóstico de autismo porque muchas de las técnicas tradicionales de entrenamiento para ir al baño simplemente no funcionan con ellos. Aunque estoy de acuerdo en que es difícil enseñar a los niños con diagnóstico de autismo estas habilidades, no es imposible. En el libro clásico de 1974 *Toilet Training in Less Than a Day*[10] (Entrenamiento para ir al baño en menos de un día), de los doctores Nathan Azrin y Richard Foxx, se sugiere que, a la edad de cinco años, se puede entrenar con éxito incluso a individuos con trastornos severos y un coeficiente intelectual de 30.

Hay muchos otros libros sobre este sujeto, pero ninguno que trate específicamente del uso de un enfoque conductual para entrenar a niños con diagnóstico del autismo. He elaborado un programa para el entrenamiento para ir al baño de estos niños utilizando una mezcla de técnicas de seis libros diferentes sobre el tema, entre los que se encuentran tres de mis favoritos: El entrenamiento para ir al baño en menos de un día, mencionado anteriormente, *Toilet Training Persons with Developmental Disabilities* (Entrenamiento para ir al baño para personas con trastornos del desarrollo), de Foxx y Azrin (1973), y *Toilet Training for Children with Severe Handicaps* (Entrenamiento para ir al baño de niños con discapacidades graves) (1984), de Dunlap, Koegel y Koegel (disponible gratuitamente en el enlace de la bibliografía).

En primer lugar, debes determinar si tu hijo está preparado para asumir esta tarea. No tengas en cuenta sólo la edad cronológica del niño, sino también su edad de desarrollo. Si tu hijo tiene tres años, pero su edad de desarrollo es de 18 meses, es probable que sea demasiado pronto. Sin embargo, si tu hijo tiene cinco años y funciona a un nivel de 18 meses, probablemente sea el momento de empezar. Otras preguntas que debes responder son ¿Parece que tu hijo se da cuenta o avisa cuando los pañales

---

[10] N. del E.: *Cómo enseñar a su hijo a ir al baño en menos de un día*, editado en 1994 en español por Diana México.

están mojados o sucios? ¿Muestra tu hijo interés por el baño, por lavarse las manos o por vestirse? ¿Se aleja tu hijo de ti o se esconde para defecar? Y, por último, ¿tiene tu hijo deposiciones regulares sin ensuciar el pañal durante la noche? Si has respondido afirmativamente a la mayoría de estas preguntas, lo más probable es que tu hijo esté preparado para el entrenamiento para ir al baño.

El momento de la instrucción también es importante. No te precipites con el entrenamiento para ir al baño si tu hijo acaba de ser diagnosticado, ya que la enseñanza del lenguaje, en concreto enseñar a tu hijo a emitir mandos, debe ser siempre lo primero. Una vez establecido un buen programa de conducta positiva, sin reforzamiento negativo o consecuencias negativas, puede ser el momento de empezar el entrenamiento para ir al baño.

Además, no empieces el entrenamiento si tu familia tiene previsto mudarse, si esperas un nuevo bebé o si se avecinan grandes cambios en tu familia. El entrenamiento para ir al baño es difícil para cualquier niño cuando se realiza en momentos de estrés. A menudo se produce un retroceso si el entrenamiento para ir al baño se inicia en momentos inoportunos.

El mejor momento para empezar es aquel en el que sepas que te vas a comprometer con la tarea y que vas a ser capaz de seguirla hasta el final. Necesitarás al menos dos semanas completas en las que estarás mucho tiempo en casa para trabajar en esta habilidad y podrás comprometerte a trabajar casi exclusivamente en el entrenamiento para ir al baño. A continuación, mira los tres meses siguientes y asegúrate de que no se planean grandes cambios. He visto a muchas familias tener "falsos comienzos" con el entrenamiento para ir al baño porque no dedicaron suficiente tiempo al empezar. Una vez que empiezas una programación, tienes que seguir adelante. Si te resulta difícil hacerlo, y es ciertamente difícil, será más difícil dentro de uno o dos años.

Si no estás preparada para empezar un programa formal de entrenamiento para ir al baño con tu hijo, hay algunos pasos que puedes dar con antelación que te ayudarán cuando estés preparada para empezar su programación. En primer lugar, cambia a tu hijo con frecuencia, para que esté siempre seco. Compra un pequeño orinal o un anillo de asiento para que se asiente en el váter, para niños de tres años o menos. Si tu hijo es mayor o tiene un tamaño más grande, utiliza el inodoro normal. Todas las mañanas y a la hora del baño, sienta a tu hijo en el orinal o en el anillo y observa lo que ocurre. Algunos niños necesitarán muchas recompensas por el mero hecho de sentarse en el orinal, así que ten preparados reforzadores. Míralo como si estuvieras emparejando el orinal con un reforzador. Si tienes suerte y tu hijo orina o defeca, ¡recompensa esa conducta como un loco! Si estás entrenando a un niño, haz que se siente siempre en el orinal para orinar.

No debes animar a un niño a ponerse de pie para orinar hasta que esté completamente entrenado para defecar. El entrenamiento intestinal a veces se produce "por accidente" cuando el niño está acostumbrado a sentarse en el inodoro. Algunos niños con diagnóstico de autismo son capaces de dominar el hecho de orinar de pie, observando a sus padres, pero luego nunca aprenden realmente a sentarse en el váter para defecar.

Ahora es el momento de elegir las palabras que quieres utilizar para describir las funciones del cuerpo. Puede parecer una tontería consultar con la cuidadora o el profesor de tu hijo para decidir qué palabras utilizar, pero todos debéis ser coherentes. Al seleccionar las palabras, ten en cuenta que las usarás durante mucho tiempo, así que quizá quieras usar "baño" en lugar de "orinal", o "pipí" en lugar de "pis".

Por último, antes de empezar oficialmente, debes identificar y documentar cuándo orina o defeca tu hijo durante unos días, ya que la mayoría de los niños tienen patrones fáciles de seguir. El cuerpo también tiene reflejos, como el reflejo gastrocólico, que crean el ambiente para una defecación unos 15 minutos después de levantarse por la mañana o 15 minutos después de comer. Anota cuándo come tu hijo y cuándo se despierta y comprueba si hay un patrón.

Entrenamiento diurno de la vejiga

Si estás preparado para empezar el entrenamiento para ir al baño en serio, empieza con el entrenamiento diurno de la vejiga. Algunos niños orinan si se les pone en el váter, pero no muestran ningún indicio de que tengan que ir antes. Tendrán accidentes si se interrumpe el programa. Esto es completamente normal. El entrenamiento bajo un programa de reforzamiento es el primer paso que hay que dominar. Elabora un plan de aseo por escrito para que los miembros del equipo, incluidos el profesor, el cuidador y los padres, estén de acuerdo con el propio programa, los reforzadores, las consecuencias de los accidentes y el plan de registro.

Como parte del plan para ir al baño, debes seleccionar reforzadores que sean inmediatos, tangibles y potentes. No utilices reforzadores a largo plazo en este caso. Los niños con diagnóstico de autismo no suelen estar motivados por una afirmación como: "Te compraré un juego de trenes cuando hagas pis en el orinal durante una semana".

A veces, unas pegatinas pueden tener éxito. En este caso, el niño colocaría una pegatina en una casilla de una tabla cada vez que vaya al baño con éxito y, después de un número predeterminado de pegatinas, se ganaría un juguete o una golosina especial. Si no estás seguro de si tu hijo respondería bien a este tipo de sistema de fichas, no lo utilices. En su lugar, selecciona reforzadores que sean inmediatos.

Como en todas las áreas del análisis aplicado de conducta (ABA), los reforzadores son una herramienta poderosa que puedes utilizar. Decir simplemente “Buen trabajo” no será suficiente para que tu hijo se deshaga de los pañales. Si ya tienes en marcha un programa ABA-VB, elige un reforzador especial que se utilice sólo para ir al baño. Podrías utilizar un determinado tipo de caramelo o un vídeo concreto. Un niño con el que trabajé tenía acceso a un paraguas plegable como reforzador, ya que el personal informó de que le encantaban los días de lluvia porque todo el mundo traía paraguas a la clase y el niño disfrutaba haciendo girar el paraguas sobre su cabeza. Dado que ir al baño es una tarea difícil, elige un objeto o actividad que al niño le vuelva loco, pero que no consiga con frecuencia.

Recomiendo a todos los que estén entrenando a su hijo para ir al baño que vayan a la tienda de un dólar y elijan artículos y los pongan en la “bolsa del orinal”, de la que el niño puede escoger uno cuando haya tenido éxito en el baño. Debes empezar reforzando y permitiendo que el niño escoja de la bolsa del orinal cada vez que tenga un éxito en el baño, pero luego puedes desvanecer el reforzamiento permitiéndole escoger al final de un día o una semana de éxito.

Cuando empieces a entrenar a tu hijo para ir al baño, déjale en calzoncillos. Según mi experiencia, los pañales normales, así como los pañales con goma elástica, en realidad dificultan el proceso porque no permiten que el niño se sienta mojado y evitan que detectes los accidentes con prontitud.

Lo ideal es que estés en casa cuando empieces el entrenamiento para ir al baño, de modo que tu hijo pueda llevar ropa interior sin pantalones por encima para que puedas detectar los accidentes rápidamente. Si tu hijo tiene que llevar pantalones encima de su ropa interior, asegúrate de que tengan la cintura elástica y sin botones, broches o cinturones. Si tu hijo va al colegio o si tenéis que ir a un restaurante o a una tienda, ponle un pañal o un pantalón de impermeable encima de la ropa interior para que siga sintiéndose mojado si empieza a orinar.

Si, por la razón que sea, quieres poner a tu hijo en pañales de forma rutinaria durante el entrenamiento, puedes comprar una alarma que se desliza dentro del pañal y os avisa a ti y al niño cuando está mojado. Estas alarmas se pueden adquirir, por ejemplo en www.dimpo.es. Sigue utilizando los pañales para las siestas y el sueño nocturno, ya que este tipo de control de esfínteres llega mucho más tarde. Pero no le pongas el pañal dos horas antes de acostarse, ya que no quieres que tu hijo tenga una excusa para orinar en el pañal. Quítale también el pañal inmediatamente cuando tu hijo se despierte y siéntalo inmediatamente en el retrete, ya que es el momento en que tu hijo tendrá más posibilidades de ir al retrete con éxito.

Después de que tu hijo haya utilizado el orinal, aunque no haya tenido éxito, asegúrate de que se limpie correctamente, se suba los pantalones y se lave las manos con ayuda si es necesario. Enseña a tu hijo a bajarse los pantalones hasta los tobillos, pero no a quitárselos del todo, ya que desvestirse por completo puede ser un hábito difícil de romper. Anima a tu hijo a ser lo más independiente posible en todo el proceso de ir al baño.

Hay cinco pasos básicos para el entrenamiento de baño, tal y como se describe en varios libros sobre el tema, por ejemplo, *Cómo enseñar a su hijo a ir al baño en menos de un día* y *Entrenamiento para ir al baño para niños con discapacidades graves* (ver referencias). Estos pasos son:

1. *Bebidas adicionales*: Hay que dar al niño alimentos salados y bebidas adicionales (de ocho a diez vasos al día) para que tenga muchas posibilidades de ir al baño. Asegúrate de que tu hijo beba estos líquidos de forma constante a lo largo del día, por ejemplo, cuatro trozos por hora, para que su necesidad de ir al baño sea más predecible. Dar a tu hijo 20 trozos aquí y allá hará que su necesidad de ir al baño sea demasiado variada.
2. *Prográmate para ir al baño:* Esto debería ocurrir al menos una o dos veces por hora. Dile al niño: "Hora de ir al baño" (o la palabra que utilices). Haz que diga, o señale, "orinal" y llévalo. Hay que reforzar mucho si orina o defeca en ese momento. Cuando el niño empiece a iniciar las idas al baño, puedes dejar de utilizar un calendario.
3. *Controlar que los pantalones están secos:* Esto tiene dos objetivos. Uno es permitir la detección de accidentes y el otro es una oportunidad para premiar a tu hijo por tener los pantalones secos. Pregúntale al niño: "¿Están secos tus pantalones?" y haz que palpe el exterior de su ropa interior. Estas comprobaciones de pantalones secos pueden hacerse a intervalos de cinco minutos a una hora, según el nivel de éxito de tu hijo. Los pantalones secos deben ser recompensados con un reforzamiento. Si notas un accidente, controla inmediatamente si los pantalones están secos.
4. *Práctica positiva para los accidentes:* Los expertos en ir al baño, como el Dr. Richard Foxx, sugieren que la "práctica positiva" es un paso muy importante en el proceso de entrenamiento para ir al baño. La práctica positiva significa que llevarás a tu hijo rápidamente desde el lugar del accidente hasta el retrete y de vuelta cinco o diez veces seguidas.

5. *Toma de datos*: Lleva un registro de todos los viajes al orinal que hayan tenido éxito, así como de los accidentes de orina o excrementos. Esto te ayudará a indicar el tiempo que transcurre entre la micción y la hora habitual en que tu hijo hace sus necesidades. Mantener los datos te ayudará a medir el éxito de tu programación.

Creo que algunos niños pueden ser entrenados para ir al baño con éxito sin necesidad de la práctica positiva, aunque ha sido un procedimiento eficaz para muchos, incluido Lucas. La práctica positiva es en realidad una forma de sobrecorrección y, en muchos casos, sirve de castigo eficaz. Sin embargo, no la utilices al principio de tu programa de entrenamiento para ir al baño. En primer lugar, comprueba si colocar al niño en un programa y utilizar el reforzamiento positivo funcionará sin ninguna consecuencia negativa, como la práctica positiva. Si el niño es grande o presenta conductas agresivas, o si se encuentra en una situación escolar en la que la acción repetitiva del castigo sería demasiado estigmatizante, es posible que no puedas utilizar ninguna forma de práctica positiva.

En tu plan de aseo, asegúrate de detallar exactamente los procedimientos que vas a utilizar, y modifica ese plan según sea necesario. Asegúrate de que todo el mundo hace los mismos procedimientos y es coherente. Si optas por no utilizar la práctica positiva, asegúrate de que estás tranquilo, pero firme y con los hechos, cuando tu hijo tenga accidentes. No te rías, ni sonrías, ni le hagas creer a tu hijo que te complace de alguna manera. Insístele en que se cambie de ropa, pero no le prestes una atención innecesaria.

Otras técnicas que puedes probar

Dibujar un calendario pueden dar buenos resultados para algunos niños, de modo que sepan cuándo va a ir al baño. Si utilizas un calendario con dibujos, asegúrate de que tienes un dibujo adicional de un retrete, para que el niño pueda solicitar ir al baño fuera del calendario.

Si presenta dificultades, se le puede enseñar a inclinarse hacia delante mientras está en el váter, o darle una suave presión en la parte inferior del abdomen para ayudarle a ir al baño.

Los niños que se ponen de pie o en cuclillas para hacer sus necesidades en los pañales encontrarán útil un taburete bajo sus pies mientras están sentados en el váter. También es una buena idea para los niños que no tocan el suelo cuando se sientan en el váter.

Otros niños pueden responder bien a llevar ropa interior con sus personajes favoritos, ya que no querrán mojar el personaje. Si a tu hijo le da igual la ropa interior que se ponga, quédate con ropa interior blanca y barata que pueda blanquearse o tirarse sin demasiada preocupación.

Un temporizador es una herramienta que puedes utilizar si tu hijo pasa demasiado tiempo sentado en el retrete. Un niño no debería estar sentado más de cinco minutos sin empezar a defecar u orinar.

También debes crear un ambiente relajante en el baño. Si tiene problemas de conducta a la hora de ir al baño, ello puede sugerir que la habitación no está bien emparejada con el reforzador. Si ese es el caso, tendrás que dar un paso atrás y reforzarle mucho por entrar en el baño y sentarse en el retrete a intervalos programados.

Entrenamiento intestinal

Un niño que ha entrenado la vejiga puede empezar a hacer sus necesidades espontáneamente en el váter al mismo tiempo que orina. Por eso es esencial que los niños se sienten en el váter durante el entrenamiento para hacer pipí. El niño que hace sus necesidades en el váter, ya sea de forma intencionada o espontánea, debe recibir un reforzador potente, porque no llevará pañales ni pañales con goma elástica durante el entrenamiento intestinal y las necesidades pueden ser bastante sucias.

Si los accidentes de evacuación siguen ocurriendo después de que el entrenamiento de la vejiga esté firmemente establecido, revisa tu reforzamiento y asegúrate de que es lo más potente que puedes presentar. Utiliza los reforzadores más condicionados para el entrenamiento en control de esfínteres para que resulte más fácil. Sin embargo, si todo lo demás falla, considera la posibilidad de llevar a cabo una práctica positiva limpiando a tu hijo normal y luego llevándolo de un lado a otro del retrete al lugar del accidente, entre cinco y diez veces seguidas.

Nosotros utilizamos la práctica positiva cuando entrenamos a Lucas con la vejiga a los 4½ años de edad. Al cabo de uno o dos meses, había adquirido la habilidad, y estábamos encantados. Pero seguía haciendo sus necesidades en la ropa interior cada día o cada dos días. Esperaba a que yo no mirara y se iba detrás del sofá, se ponía en cuclillas y defecaba en su ropa interior. No hace falta decir que me sentía muy frustrada.

Después de tres o cuatro meses de esto, sin ningún cambio, llamé por teléfono al Dr. Richard Foxx porque le había conocido en ocasiones anteriores y esperaba que pudiera ayudarme con mi dilema con Lucas. Me recomendó que encontrara un reforzador "el más potente" y que empezáramos a utilizar la práctica positiva para los accidentes intestinales.

Así que, en las ocasiones en que Lucas hacía sus necesidades en el váter, lo metía en el coche y lo llevaba al McDonald's, diciéndole todo el tiempo lo orgullosa que estaba de que hiciera sus necesidades en el orinal.

Sólo tuve que utilizar la práctica positiva una o dos veces, porque a los dos días de hablar con el Dr. Foxx, Lucas había adquirido la habilidad de defecar en el váter.

Entrenamiento nocturno

Cuando ya estén adquiridas las habilidades diurnas, tanto para el intestino como para la vejiga, puedes trabajar el entrenamiento nocturno. Si tienes suerte, tu hijo se entrenará solo y empezará a despertarse seco cada mañana.

Después de cinco mañanas en las que se despierte con el pañal seco, deja que tu hijo duerma en ropa interior. Debes esperar algún accidente ocasional por la noche, pero deshacerte de los pañales es un paso necesario.

Si no eres uno de esos padres afortunados cuyo hijo se despierta seco cada mañana sin intervención adicional, hay varias estrategias que puedes poner en práctica. Fomenta el consumo de líquidos por la tarde y luego limítalo a pequeños sorbos de líquido en las dos horas previas a la hora de acostarse. Asegúrate también de que tu hijo tiene una hora de acostarse y de levantarse regular. Este es un paso especialmente difícil para los niños con diagnóstico de autismo que no duermen bien, así que, si tu hijo se despierta durante la noche, asegúrate de que vaya al baño inmediatamente.

Si la enuresis nocturna persiste, consulta con el médico de tu hijo para asegurarte de que todo está bien físicamente. No regañes, avergüences o castigues los accidentes nocturnos, ya que tu hijo no tiene control sobre su vejiga cuando está dormido. Si tu hijo tiene más de diez años y sigue teniendo accidentes nocturnos, y has descartado un problema médico, considera la posibilidad de utilizar una alarma de orinal y consultar con un experto en el tema.

Enseñar al niño a usar el baño por propia iniciativa

Desgraciadamente, muchas personas finalizan el entrenamiento cuando los niños consiguen realizar las visitas programadas al baño. Esto significa que no aprende a ir por iniciativa propia sin necesidad de dar ayudas. Si tienes que preguntar al niño si tiene que ir al baño cada hora aproximadamente, no está completamente entrenado, por lo que tu trabajo no está hecho.

Como en todos los programas ABA-VB, puedes ayudar a tu hijo a ser más independiente y a dominar esta habilidad desvaneciendo las ayudas, con una planificación cuidadosa. Si tu hijo utiliza signos o imágenes, puedes indicarle que te pida “ir al baño” utilizando signos, o si es verbal, que diga “Baño” o “Baño” o cualquier otra palabra que hayas elegido cuando le digas: “Es hora de ir al baño”.

Cuando vayas de camino al baño, detén al niño dos o tres veces, encógete de hombros de forma juguetona y pregúntale de nuevo: "¿Dónde tienes que ir?" Haz que responda; ya sea mediante signos o verbalmente. Estás practicando que emita mandos para ir al baño, y cada vez que consiga emitir mandos para ir al baño, con o sin ayuda, asegúrate de reforzar la conducta.

En cuanto tu hijo consiga orinar en el váter con un programa de una hora y no haya tenido ningún accidente durante dos o tres días, aumenta puedes aumentar a cada 90 minutos. Recuerda utilizar un temporizador para ello, ya que los distintos cuidadores pueden no saber cuándo fue la última vez que el niño fue al baño. De nuevo, cuando el niño esté seco durante dos o tres días, aumenta el programa a cada dos horas. Si ves que aumentan los accidentes cuando añades tiempo al programa, puedes aumentar gradualmente el intervalo.

Tu hijo necesitará sentir la necesidad de orinar cada vez que se dirija al baño, así que el intervalo tendrá que alargarse para adaptarse a esa necesidad. Durante el entrenamiento, asegúrate de que el niño te diga siempre cuándo necesita ir al baño porque, cuando estés fuera de casa, el niño necesitará que le ayudes a encontrar un baño.

Cómo hacer frente a los accidentes una vez finalizado el entrenamiento

La mayoría de los niños tienen algún accidente ocasional y no hay que preocuparse por ello. Sin embargo, si tu hijo tiene algo más que un accidente ocasional, tienes que empezar a investigar inmediatamente la causa, para detener la recaída.

Descarta primero los problemas médicos, como un virus estomacal o una infección urinaria. Los cambios en la dieta también pueden hacer que aumenten los accidentes si tu hijo come más comida basura o simplemente come más en general. Los cambios en la medicación y en los suplementos también pueden provocar accidentes intestinales y vesicales.

Acuérdate de consultar con el profesor de tu hijo para ver cómo va al baño también en la escuela. Si el niño puede iniciar ir al baño en casa, en la escuela y en la comunidad, nunca se le debe imponer ningún tipo de horario para ir al baño. El horario para ir al baño se produce cuando se coloca a los niños en una nueva escuela o aula en la que es rutinario que todos los alumnos vayan al baño al llegar a la escuela, a la hora de la merienda, a la hora del almuerzo y antes de la salida. Un niño totalmente entrenado en este ambiente dejará de practicar las habilidades de iniciación porque no tendrá ganas de orinar. Puede empezar a tener accidentes porque tiene el estómago revuelto o acaba de beberse dos cajas de zumo en la comida, y necesita ir al baño fuera del horario. En este caso, el niño es ahora dependiente de la ayuda porque se le impuso un horario para ir al baño después de haber sido entrenado para ello.

Del mismo modo, no le preguntes a tu hijo: "¿Necesitas usar el orinal?" a lo largo del día. En su lugar, hazle esa pregunta de forma similar a como lo harías con un niño normal, quizá antes de un largo viaje en coche o de ir a nadar.

Si en tu investigación descubres que tu hijo tiene accidentes sin motivo aparente, a horas similares cada día, ponle un programa para esas partes del día.

El verano pasado tuvimos un problema con Lucas en el que tuvo un puñado de accidentes intestinales mientras nadaba en la piscina. En este caso, le hicimos llevar ropa interior bajo el bañador para que sirviera como una especie de barrera y luego decidimos que le haríamos ir al baño bajo un programa sólo cuando fuéramos a nadar. Le hicimos sentarse en el retrete antes de ponerse el traje de baño y luego le sacábamos de la piscina cada hora y le aseábamos antes de dejarle entrar a la piscina. Durante el resto del día no le pusimos ningún programa ni le preguntamos si necesitaba ir al baño.

¿Cuánto tiempo se tarda?

El entrenamiento para ir al baño depende de tu hijo, igual que ocurre con los niños de desarrollo típico. Puede llevar días, semanas o incluso meses, pero no debería llevar años. Para lograr un entrenamiento exitoso para ir al baño, utiliza un enfoque coordinado y basado en datos. Hagas lo que hagas, ¡no te rindas! Revisa tu plan si es necesario, pero nunca tires la toalla. Tu hijo necesita esta habilidad vital, más que ninguna otra, y tú puedes ayudarle a alcanzar este objetivo.

Enseñar otras habilidades de autonomía

Las habilidades para lavarse las manos y vestirse también son importantes, tanto junto con el entrenamiento para ir al baño. Las habilidades de autonomía; desde lavarse las manos hasta colgar el abrigo en el perchero de la escuela, comer pollo con tenedor o ponerse la camisa, son tareas que deben enseñarse de forma diferente a las habilidades lingüísticas. Estas habilidades son un recopilatorio de múltiples habilidades encadenadas.

Intentamos enseñar a Lucas a lavarse las manos durante, literalmente, años. Cuatro años para ser exactos. Intentamos darle ayudas verbales para cada paso de la secuencia y probamos a plastificar una serie de dibujos encima del lavabo, pero, para nuestra desgracia, Lucas no aprendió a lavarse las manos hasta que se matriculó en la escuela ABA cuando tenía seis años. Resultó que el uso de ayudas verbales o de una serie de dibujos no son formas eficaces de enseñar habilidades complejas como lavarse las manos. En su lugar, estas habilidades se enseñan mejor desarrollando el análisis de tareas, dando las ayudas físicas que sean necesarias desde detrás del niño y, cuando sea posible, reduciendo sus ayudas gradualmente para cada paso. Después de dar la instrucción "Lávate las manos", intenta no hablar durante el procedimiento, ya que el objetivo es que el niño complete los pasos de forma independiente y será difícil desvanecer las ayudas verbales.

Al mismo tiempo que Lucas aprendía a lavarse las manos en el colegio, yo terminaba mi curso de ABA y aprendía sobre el uso del análisis de tareas. El análisis de tareas será útil para enseñar a tu hijo cualquier habilidad que tenga varios pasos. El mejor libro que he encontrado para ayudarte a escribir el análisis de tareas se llama El enfoque piramidal de la educación: *The Pyramidal Approach to Education: Lesson Plans for Young Children* (Enfoque educativo piramidal: Planes de lecciones para niños pequeños) del Dr. Andy Bondy y algunos de sus colegas (Bondy et al., 2002).

Crea tu propio análisis de tareas escribiendo cada paso de cualquier habilidad compleja. Es más fácil si primero observas a un alumno de desarrollo típico haciendo la habilidad, o si la haces tú mismo y escribes cada paso. A continuación tienes un ejemplo de análisis de tareas, en este caso del lavado de manos:

Abre el grifo

Pon la mano derecha, agarrando el jabón y la izquierda debajo del dispensador.

Presiona dos veces.

Frótate las manos durante cinco o diez segundos.

Coloca las manos bajo el grifo para eliminar todo el jabón.

Cierra el grifo

Coge una toalla y sécate las dos manos.

Vuelve a colocar la toalla en el toallero.

Cuando realices esta tarea con tu hijo, sigue utilizando el mismo tipo de jabón (en pastilla o líquido) y mantenlo en el mismo lugar del lavabo para que el procedimiento sea consistente. Si mantienes el dispensador de jabón en el lado izquierdo del baño, puedes enseñar a tu hijo a poner a agarrar el jabón con la derecha y con la izquierda a apretar el dispensador. Lo importante es que todos sean coherentes para que tus ayudas puedan desvanecerse.

Una vez realizado el análisis de tareas, evalúa las capacidades de tu hijo para cada uno de los diferentes pasos. Pide a tu hijo que se lave las manos y observa lo que hace. ¿Abre el agua fría? ¿Se queda parado? ¿Bombea el jabón continuamente hasta que le dices que pare? Tu evaluación te llevará a un punto de partida.

No enseñes cada habilidad por separado; enséñala como un acto fluido. El niño tiene que percibir todo el proceso en conjunto y tiene que memorizar el orden correcto del proceso. Puedes facilitarlo colocándote detrás del niño y dándole ayudas sólo en la medida necesaria para evitar errores y que los pasos se desarrollen con fluidez hasta su conclusión.

El análisis de tareas también es útil para enseñar a tu hijo a hacer tareas. Puedes crear uno para poner la mesa o incluso para recoger los juguetes. Desarrolla una serie coherente de pasos que el niño pueda aprender, y los aprenderá. Una vez trabajé con una niña de 14 años con síndrome de Down que estaba aprendiendo a poner la mesa en la escuela. Mi primera pregunta a la profesora fue cómo quería que la niña empezara. ¿Cuántos platos podía llevar? ¿Cuatro platos a la vez? ¿Cuándo debía volver a por los utensilios o debía colocarlos sobre el plato antes de ir a la mesa?

La profesora me confesó que no había pensado realmente en el proceso y que quería que simplemente "pusiera la mesa". Le expliqué que tendría que establecer un procedimiento para poder dar ayudas a la alumna poco intrusivas desde atrás y desvanecerlas gradualmente hasta que fuera independiente en esta tarea.

Estos mismos procedimientos pueden utilizarse para muchas habilidades de autonomía, como vestirse y desvestirse. Las técnicas de encadenamiento hacia atrás también pueden ser útiles con estas habilidades, en las que pedirías a tu hijo que realizara la última acción de la secuencia, después de haber hecho tú el resto. Una vez dominada esa habilidad, harías que el niño completara los dos últimos pasos.

Así pues, si el objetivo es quitarse los zapatos y los calcetines, desata los zapatos de tu hijo y aflójalos lo suficiente para que cuando le indiques: "Quítate los zapatos", le resulte sencillo cumplirlo.

Lo mismo ocurre cuando se quita los calcetines. Puedes ponerle calcetines con goma flojita para que se quiten muy fácilmente, y luego le pides al niño que realice la tarea.

Cuando le enseñes a vestirse y desvestirse, utiliza ropa más grande para que le cueste menos esfuerzo ponerse los pantalones o subirse los calcetines. Recuerda que siempre que sea posible debes dar ayudas físicamente desde atrás, para que puedas sentir cuánto trabajo está haciendo el niño y cómo tienes que cambiar tus ayudas. En muchos sentidos, enseñar las habilidades de aseo y autonomía es tan importante como enseñar las habilidades de lenguaje. El uso de un método de conducta en estos casos también tiene un historial científicamente probado. Cuanto más pueda hacer tu hijo por sí mismo, mejores serán sus oportunidades en el futuro. Las habilidades de aseo y autonomía independientes también te liberarán para que puedas dedicar más tiempo a las habilidades lingüísticas y académicas.

CAPÍTULO 12

Reflexiones finales

Los capítulos anteriores de este libro te han dado las herramientas necesarias para elaborar un programa de conducta verbal para que tu hijo aprenda a desenvolverse en el mundo. Pero, como ya habrás deducido, montar el programa es en realidad la parte más fácil. Todavía no hay cura para el autismo, por lo que el autismo seguirá siendo una realidad para ti, tu hijo y tu familia en el futuro inmediato.

Pero no es en absoluto una tragedia irremediable. En este capítulo me quitaré el sombrero de "analista de conducta certificado" y me pondré el de "padre", con la esperanza de darte algunos consejos para afrontar el diagnóstico y conseguir un tratamiento adecuado lo antes posible.

Este capítulo va dirigido a los padres en particular, pero espero que los profesionales lo lean también, porque trabajar con la familia y comprender sus emociones es una parte importante del trabajo clínico eficaz con un niño.

Estas son las cosas que te diría, si fueras mi mejor amigo y acabaras de descubrir que tu hijo tiene una discapacidad que te cambiará la vida, como el autismo o el síndrome de Down.

Acepta el diagnóstico inmediatamente

Cuanto antes te des cuenta de que tu hijo tiene un diagnóstico específico, antes podrás ayudarle. Ten en cuenta que tu vida ha cambiado para siempre y será diferente de lo que nunca imaginaste que sería. Pero nunca pierdas la esperanza de que tu hijo pueda tener una vida feliz y productiva.

Un amigo me dijo al principio que una vez que a tu hijo le diagnostican autismo, entras en un mundo totalmente nuevo en el que el autismo es el centro. Descubrí que esto era cierto en mi vida, ya que empecé a "poner fechas" sobre acontecimientos relacionados con el diagnóstico de Lucas. Recordaba que algo había ocurrido "un año antes" del diagnóstico o "seis meses después" de que empezara la terapia. Sé lo difícil que es aceptar que tu vida ha cambiado para siempre, tan rápidamente, pero cuanto antes lo hagas, mejor. Realmente es un hecho que un diagnóstico de autismo cambiará por completo la dinámica de tu familia.

Sin embargo, si no puedes aceptar inmediatamente los cambios en tu vida, no estás sola. Recuerdo que cuando diagnosticaron a Lucas, una psicóloga me dijo que tenía que hacer el duelo porque Lucas no era normal y nunca lo sería, y por tanto mi vida nunca sería normal. Le dije que en ese momento no estaba preparada para renunciar a una vida normal, que lo único que estaba dispuesta a llorar eran sus años de preescolar. No podía, cuando tenía tres años, hacer el duelo de toda su vida.

Entonces estaba convencida de que, con una terapia intensiva, Lucas podría recuperarse completamente. Necesitaba seguir siendo optimista, pero mi marido Charles tomó un camino diferente. De camino a casa, desde la consulta del pediatra, donde nos acababan de dar el diagnóstico de Lucas, Charles decía cosas como: "Supongo que nunca se casará ni irá a la universidad", "Tendrá que vivir con nosotros para siempre", etc. Entre lágrimas, le dije que se callara, que todavía no iba a ir allí. Ni ese día ni ese año. No iba a empezar a predecir cómo iba a ser Lucas dentro de 20 años. Mi primera prioridad era que hiciera un programa intensivo de intervención ABA (Análisis Aplicado de Conducta) y ver sus avances día a día.

El día del diagnóstico de Lucas, pensaba literalmente en la recuperación como algo blanco y negro, e incluso imaginaba una "fiesta de recuperación" de aquí a unos años. Pensé que Charles estaba siendo extremadamente pesimista al predecir un mal resultado para nuestro hijo. Nuestras reacciones iniciales fueron sorprendentemente muy diferentes.

Afrontar el diagnóstico de autismo suele provocar este tipo de reacciones en las familias biparentales. Uno de los padres, como yo, será completamente optimista y a veces poco realista, y el otro tendrá la opinión contraria. Pero, al final, mi optimismo y el pesimismo/realismo de Charles se equilibraron cuando empezamos a escuchar las esperanzas, los sueños y los temores del otro.

Pero sean cuales sean los avances de Lucas, nuestras vidas cambiaron para siempre. Cuando le diagnosticaron, yo era enfermera. Ahora, siete años después, soy BCBA y presidenta fundadora de la Sociedad de Autismo del Condado de Berks. Y sólo en los últimos años me he convertido en autora, hablante, consultora y experta en autismo.

Definir el fracaso

No te consideres a ti mismo ni a tu hijo un fracaso si no se "recupera" del autismo, o si necesita mucho apoyo en la escuela, o si nunca llega a hablar. Mi amiga Carole tiene un hijo que también tiene autismo profundo. Carole fue mi primera "amiga del autismo" después de que alguien me diera su número de teléfono y fuera a su casa para ver una sesión de terapia para su hijo Anthony. En los años siguientes, Carole y yo hemos pasado mucho tiempo juntas. Fue Carole quien voló a Florida en el año 2000 para ver al Dr. Vincent Carbone y me hizo empezar dándome la primera información sobre la conducta verbal y me pregunto qué habría sido de mi camino sin su amistad. Sin embargo, incluso con su apoyo y sus consejos, y con mi duro trabajo y el suyo, nuestros hijos siguen estando lejos de ser indistinguibles de sus compañeros. Hemos descubierto, gracias a nuestra amistad que, si "curar" el autismo fuera sólo trabajar duro, nuestros hijos se habrían recuperado hace años.

Pero también sabemos, gracias a nuestra amistad, que el ABA y la conducta verbal han ayudado a nuestros hijos a funcionar a sus niveles más altos posibles. Y, aunque ya tienen diez años, no es hora de tirar la toalla: el aprendizaje continúa. Y por eso seguimos adelante.

La mayoría de los libros escritos por padres que he leído sobre el autismo están escritos por personas a cuyos hijos les ha ido muy bien la terapia y algunos de estos padres afirman que su hijo está totalmente "recuperado" del autismo. Pero incluso con el mejor y más avanzado programa ABA, la mayoría de los niños con diagnóstico de autismo no se recuperan del todo. Después de conocer a cientos de niños con autismo, sólo he conocido a unos pocos niños que consideraría completamente indistinguibles de sus compañeros o "recuperados" del autismo. Por esta razón, creo que la recuperación no debería ser su principal o único objetivo.

Sin embargo, casi todos los niños mejorarán significativamente con la terapia de conducta y tu hijo puede recuperarse o llegar a ser indistinguible de sus compañeros y eso es razón suficiente para seguir trabajando y seguir intentándolo. Algunos niños llegarán más lejos que otros, igual que algunos niños de desarrollo típico llegan más lejos en la vida. No compares el camino de tu hijo con el de cualquier otro niño. Fíjate en los puntos fuertes de tu hijo y utilízalos para reforzar sus puntos débiles.

Evita la trampa del alto vs. bajo funcionamiento

A veces lo mejor que puedes hacer por tu hijo es ignorar lo que sugieren algunas personas. En la comunidad del autismo puede haber profesionales o familiares que intenten convencerte de que tu hijo es demasiado funcional o poco funcional para beneficiarse de ABA o la conducta verbal. Mi experiencia me dice lo contrario. No importa en qué lugar del espectro se encuentre tu hijo: el ABA y la conducta verbal pueden ayudar.

A menudo oigo a los padres decir que su hijo "sólo" tiene un trastorno generalizado del desarrollo no específico o "no quiero unirme a ese grupo de apoyo al autismo porque mi hijo tiene el diagnóstico de síndrome de Asperger y la mayoría de esa gente tiene hijos "poco funcionales"". Hacer esas comparaciones es como comparar diferentes tipos de cáncer. Puede que haya resultados diferentes para los distintos tipos de cáncer, pero cualquier diagnóstico de cáncer altera la vida.

Para ser sincera, no estoy segura de lo que es realmente el autismo de "alto funcionamiento". Solía pensar que Lucas era de alto funcionamiento porque, cuando era pequeño, iba al colegio de preescolar con niños de desarrollo típico y parecía "normal". No tenía conductas estereotipadas como agitar las manos o balancearse. No era agresivo ni se autolesionaba. Sin embargo, le diagnosticaron autismo moderado, por lo que dejé de utilizar el término "alto funcionamiento" para él.

En su lugar, empecé a utilizar a Lucas como calibrador de otros niños con el diagnóstico de autismo. Con Lucas en medio, evaluaba a otros niños como de alto funcionamiento o de bajo funcionamiento. Pero un día me di cuenta de que esas casillas no ayudaban a nadie. Me di cuenta cuando visité la escuela ABA que estábamos considerando para nuestro hijo y al observar la hora de bienvenida, había un niño al que le costaba mucho sentarse en su silla. Se tiraba al suelo y hacía pasar un mal rato al personal. Los profesores tenían procedimientos para tratar su conducta, pero cuando terminó la hora, me sentí conmovida.

Después de esa exhibición, me preocupaba que Lucas tuviera un funcionamiento demasiado elevado para esa escuela. El director de la escuela me pidió que elaborara ese pensamiento y le expliqué que, con una conducta como esa durante esa hora, temía que Lucas diera un paso atrás al ser colocado en esa clase.

La directora me informó de que el niño que se comportaba de forma disruptiva durante la hora era capaz de leer libros de capítulos, tenía buenas habilidades matemáticas y más lenguaje que Lucas.

Fue en ese momento cuando decidí eliminar de mi vocabulario los términos "alto funcionamiento" y "bajo funcionamiento". Son términos muy subjetivos y, por tanto, inútiles en última instancia. Si los profesores tuvieran que situar a sus alumnos en una línea de mayor a menor funcionamiento, probablemente lo pasarían mal, ya que los distintos niños tienen habilidades en diferentes áreas. Un niño puede tener buenas habilidades académicas y pocas habilidades sociales o altas habilidades de lenguaje con problemas de conducta.

Por desgracia, cuanto más "normal" parezca tu hijo, más tendrás que abogar por él. Algunos padres intentan mantener el diagnóstico "en secreto" y eso puede agravar el problema, porque a menudo es difícil ocultar las diferencias a los escolares. Estos alumnos de "alto funcionamiento" son más propensos a ser objeto de burlas o a ser ignorados por no encajar, y tienden a no recibir la instrucción individualizada en habilidades lingüísticas, académicas o sociales que les ayudaría a encajar. Así que probablemente tendrás que educar a los profesionales y presionar suavemente para que tu hijo, que parece de desarrollo típico, reciba los servicios que necesita.

Por todas estas razones, creo firmemente que no deberíamos etiquetar a los niños como de alto o bajo funcionamiento. En lugar de ello, hay que evaluar los puntos fuertes y las necesidades de tu hijo y que reciba servicios que le ayuden a mejorar.

Haz toda la terapia que puedas, tan pronto como puedas

Cuando diagnosticaron a Lucas por primera vez, creí que su caso era leve y tenía la expectativa de que se recuperaría y no necesitaría mucho tratamiento. Estaba equivocada, aunque en aquel momento no lo sabía.

Asistí a un taller de un día impartido por el Dr. Glen Dunlap y le dije que probablemente Lucas no necesitaría demasiado tratamiento, y me dijo que tratara el diagnóstico de Lucas como si fuera el caso más grave de autismo. Me dijo que, en su larga experiencia, había visto niños de tres años similares a Lucas que sí resultaron normales a los ocho años, y otros que no. Asimismo, había visto a niños gravemente para los que tenía pocas esperanzas de recuperación que se volvían indistinguibles de los niños de desarrollo típico a los ocho años.

El Dr. Dunlap me dijo que había visto cómo los niños que habían recibido un de diagnóstico leve a moderados se quedaban atrás respecto a los graves porque no recibían la terapia intensiva que tanto necesitaban. Me sugirió que nunca me arrepentiría de haber dado a Lucas más terapia de la que necesitaba, pero que siempre me arrepentiría de haberme cruzado de brazos y no haberle tratado con la suficiente intensidad, basándome en mi propia lectura de sus habilidades.

Puede que no sea fácil conseguir servicios adecuados para tu hijo, pero es esencial. No tomes siempre al pie de la letra lo que te dicen los profesionales. La madre de un niño de 30 meses me dijo que los servicios de logopedia de su hijo se habían reducido a una hora al mes, aunque para mí estaba claro que seguía teniendo un retraso de al menos un año. Supuso que debía de ir bien o "ellos" no habrían reducido sus servicios. En lugar de basarse en esa opinión, esta mujer debería haber mirado los resultados de la evaluación estandarizada del lenguaje de su hijo y otros datos objetivos. Es mucho más probable que el hecho de no proporcionar la terapia necesaria o de reducir prematuramente los servicios, se deba a problemas de personal y de financiación, que a una mejora en el aprendizaje de su hijo. En caso de duda, recurre a los datos objetivos para determinar las necesidades de intervención intensiva de tu hijo.

Prepárate para defender los derechos de tu hijo

Tal vez el consejo más sorprendente que te voy a dar es decirte que probablemente vas a tener que defender los derechos de tu hijo para que reciba una educación y unos servicios de calidad. Espero que seas uno de los afortunados que no tenga que luchar, muy probablemente porque otros te han abierto el camino, pero en caso de que no, hay formas de hacer que tus batallas sean más fáciles. La mejor manera de prepararte es llevar un registro muy organizado de lo que tu hijo necesita y de los servicios que recibe.

En cuanto Lucas cumplió tres años y le diagnosticaron autismo, sentí que estaba luchando por él en todo momento. Aprendí casi inmediatamente que la prestación de servicios educativos iba a estar muy lejos de ser ideal, y que en realidad sería completamente inaceptable para mí. Al cabo de unos meses me encontré en una batalla legal que duró dos años, con abogados, relatores judiciales y testigos de por medio. Para mí fue sorprendente porque, sobre el papel, lo tenía todo de mi parte. Tenía un máster, había trabajado como coordinadora de desarrollo del personal, donde formaba a las enfermeras en la redacción de objetivos correctos y también había sido directora de enfermería, así que estaba acostumbrada a llevar buenos registros y a ser firme cuando era necesario.

Mi familia estaba en la zona, así que tenía mucho apoyo local para cuidar a mis hijos, y tenía recursos económicos, conocía Internet y tenía un coche para ir a los sitios. También tenía la posibilidad de obtener evaluaciones privadas y aprendí rápidamente a navegar por el sistema.

Creía que podría manejar el sistema judicial educativo, llamado proceso legal, con bastante facilidad. Pero, de nuevo, me equivoqué. Me resultó increíble lo mucho que tuve que luchar por Lucas para conseguir lo que yo creía que necesitaba y merecía. También fue caro, ya que no hay defensores públicos para los padres de niños con necesidades especiales.

El condado en el que vivía, como la mayoría de los condados, llevaba al menos diez años de retraso y no ofrecía intervención ABA a finales de los años noventa. Pero creía que la vida de mi hijo estaba en juego, así que actué rápidamente. Me complace informar de que, con la ayuda de algunos amigos que también solicitaron el debido proceso al mismo tiempo, el centro educativo avanzó, con servicios mejorados no sólo para Lucas, sino para todos los niños del condado. Algunas personas no quieren abogar, y en cambio, recogerán y se trasladarán a un distrito escolar más accesible, literalmente "persiguiendo" una buena programación. En mi opinión, es mejor cambiar las opciones de programación en el lugar donde vives en lugar de mudarte, porque los servicios suelen estar determinados por los administradores y los miembros del consejo escolar, que pueden cambiar en cualquier momento. Puedes mudarte a un distrito que es muy "favorable al tratamiento del autismo", sólo para descubrir que un año después un consejo escolar recién elegido opta por recortar la financiación de esos mismos programas. O puedes vender tu casa y desarraigar a toda tu familia sólo para descubrir que el excelente profesor por el que te has trasladado ha desarrollado un problema médico y ya no está allí. Las políticas y programas educativos, ya sean positivos o negativos, no están escritos en piedra.

En los últimos años he decidido dedicar mi tiempo a trabajar con mi distrito escolar, el condado y el estado para desarrollar buenos sistemas que satisfagan las necesidades de todos los niños con diagnóstico de autismo. A través del *Proyecto de conducta verbal de Pensilvania*, así como mediante consultas privadas, he tenido el privilegio de trabajar con cientos de profesionales que están aplicando programas ABA y conducta verbal en las aulas de las escuelas públicas para los alumnos con diagnóstico de autismo. Están comprobando de primera mano que los principios de ABA y la conducta verbal funcionan con los niños con diagnóstico de autismo y trastornos relacionados. Una profesora me comentó recientemente que no tiene ni idea de cómo solía enseñar a los alumnos con diagnóstico de autismo en el pasado. Está tan impresionada con los progresos de sus alumnos desde que aplica el enfoque ABA-VB que hace poco se ha convertido en analista de conducta certificada.

Así que, mientras abogas, ten en cuenta que tienes que trabajar con la escuela de tu hijo para crear programas adecuados. Esto no va a ocurrir de la noche a la mañana y requerirá mucho trabajo y perseverancia por tu parte. La defensa nunca debe convertirse en algo personal o desagradable. Intenta ser asertivo, pero nunca agresivo. Tienes que mantener el listón alto para tu hijo, pero date cuenta de que puede que tengas que ceder en algunos puntos para conseguir algunos servicios importantes para tu hijo.

En Estados Unidos, los niños con necesidades especiales tienen derecho a una educación pública gratuita y adecuada. Aunque eso suena bien, no significa que los administradores de la escuela estén dispuestos a dar a tu hijo los servicios que tú crees que constituyen.

Así que prepárate. Guarda todos tus papeles en una carpeta de tres anillas. Así podrás encontrar tus informes fácilmente. También parecerás más organizado y estarás preparado para abordar las deficiencias del programa de tu hijo, si lo necesitas.

Lleva a un amigo o familiar a cada reunión del plan educativo individual (PEI) o a cualquier lugar donde se trate la educación o programación de tu hijo. Pídeles que tomen notas o que graben la reunión, tienes que avisar a los administradores de la escuela con unos días de antelación si piensas hacerlo. Puede ser realmente intimidante sentarse en una reunión como ésta solo, porque en el "otro lado de la mesa" habrá probablemente seis o siete personas, por lo que es importante llevar siempre a alguien contigo.

Solicitar la ayuda de un defensor es también un buen paso que puedes dar desde el principio. Encontré un defensor gratuito en nuestra asociación local de salud mental cuando Lucas tenía tres años y su consejo y apoyo fueron inestimables. También he pagado a defensores y abogados a lo largo del camino cuando he necesitado información legal más específica. Tu grupo local de apoyo al autismo puede orientarte hacia defensores y abogados de confianza en tu zona.

Pon las cosas por escrito siempre que sea posible. Si tienes conversaciones telefónicas con alguien en relación con tu hijo, obtén su nombre y dirección y envíale un email para confirmar el contenido de tu conversación. También puedes hacer un seguimiento de todas las reuniones en persona con un email en la que documentes lo que observaste o escuchaste en la reunión, cuáles son tus preocupaciones y qué información sigues necesitando, y quién te la prometió, si procede.

El libro de 2004, *How to Compromise with Your School District without Compromising Your Child* (Cómo entenderte con tu distrito escolar sin comprometer a tu hijo), de Gary Mayerson (padre de un niño con diagnóstico de autismo), te será útil, al igual que el sitio web www.wrightslaw.com.

Prepárate para evitar los litigios aprendiendo todo lo que puedas sobre la legislación de educación especial, y asiste a talleres de defensa y haz contactos con otros padres que tengan experiencia.

Recuerda también los principios de ABA cuando trabajes con profesionales o administradores escolares. Al igual que cuando trabajas con tu hijo, tienes que emparejarte con el reforzador (llevar rosquillas a una reunión), suavizar las demandas (no pedir todo a la vez) y dar un reforzamiento positivo cuando las cosas vayan bien.

Prueba un nuevo tratamiento de forma independiente

Uno de los errores que cometen muchos padres de niños recién diagnosticados es probar varios tratamientos simultáneamente. Aunque comprendo perfectamente el afán por empezar a ayudar a tu hijo lo máximo posible, en el caso del autismo, un enfoque más pragmático dará los mejores resultados.

Empieza a aplicar un programa ABA-VB lo antes posible y observa cómo responde tu hijo. Hay una gran cantidad de otros tratamientos disponibles, como dietas especiales, medicamentos, tratamientos biomédicos, terapia de integración sensorial y terapias basadas en la relación. Si empiezas todo simultáneamente, no tendrás ni idea de lo que funciona y lo que no.

El Dr. James Coplan, el pediatra que diagnosticó a Lucas, me dijo que le daría la medicación para tratar el autismo, pero sólo después de haber puesto en marcha un buen programa de conducta.

Para nosotros, el programa ABA de Lucas hizo tales maravillas que, si hubiéramos empezado a tomar medicamentos en ese mismo momento, no habríamos conocido el efecto dramático causado simplemente por un buen programa de conducta.

Hemos probado una docena de medicamentos a lo largo de los últimos siete años, pero la inmensa mayoría causaban efectos secundarios negativos. Probamos cada medicamento por separado, para conocer su efecto específico. Algo que no hice, pero que ahora recomiendo, es llevar una lista de todos los medicamentos (con sus dosis), suplementos y otros tratamientos que pruebes. Anota las fechas en las que se empezaron y se dejaron de tomar los distintos medicamentos y también anota todos los efectos secundarios positivos y negativos mientras tu hijo tomaba cada medicamento.

También es importante saber cuándo hay que interrumpir un tratamiento o añadir algo diferente a la mezcla. He visto a adolescentes que han seguido una dieta sin gluten ni caseína durante años, pero que siguen teniendo grandes problemas de conducta porque no tienen un programa ABA. Sus padres están tan estresados tratando de asegurarse de que su hijo no come ningún alimento incorrecto, que no se dan cuenta de la sólida investigación que hay detrás de los programas de conducta.

Esto no quiere decir que todo el mundo deba ignorar los tratamientos no tradicionales o biomédicos, porque ayudan a muchos niños. Es sólo que creo que un programa de conducta debería ser lo primero y que todas las demás intervenciones deberían añadirse de una en una para poder evaluar sus efectos.

Aprende todo lo que puedas sobre los tratamientos de tu hijo

Cuando Lucas empezó su programa de intervención ABA de Lovaas, su asesor recomendó que uno de los padres aprendiera a ser terapeuta. Me recomendó que consiguiera una canguro para Spencer (mi hijo de desarrollo típico) durante cinco horas a la semana, para poder conducir una sesión de terapia real con Lucas. Para mí, éste fue un consejo especialmente bueno, porque descubrí que me gustaba tanto que llegué a obtener la certificación BCBA. Pero, en general, fue muy útil estar «en la silla» con Lucas, viendo sus respuestas y anotando sus habilidades fuertes y débiles. Cada vez que me visitaba su consultor, trabajaba con Lucas y recibía los comentarios constructivos, que finalmente me permitieron entrenar a los demás terapeutas que venían a nuestra casa.

Si eres un profesional que trabaja con un niño que tiene el diagnóstico de autismo o un trastorno relacionado, tienes que implicar a los padres. Dales material de lectura y haz que te observen hacer la terapia. Si trabajas con una familia en la que los padres se han convertido en expertos en terapia, algo habitual en la comunidad autista, permíteles que te muestren lo que funciona para su hijo. Involucra a los padres en la medida de lo posible, ya que estarán ahí mucho después de que los profesionales se vayan.

Cuídate y tómate un día libre

El autismo y otros trastornos del desarrollo pueden dominar tu vida si se lo permites. Todo el mundo viene con su propio bagaje y problemas, pero sólo hay un número determinado de cosas que puedes hacer en un día.

Involucra a tus familiares y amigos en la medida de lo posible, llevándolos a las conferencias y sesiones de terapia. Dales este libro para que lo lean, para que sepan lo que estás intentando conseguir con tu hijo. Cuanto más sepan, mejor podrán apoyarte. Mi madre vino a todos los talleres de asesoramiento para aprender lo que podía y me ayudó cuando fundé la Sociedad de Autismo de Berks. Mis dos padres estuvieron a mi lado en mis casos de proceso legal y también cuidaron de mis hijos con frecuencia para que pudiera asistir a conferencias y reuniones. Mi hermana y otros amigos estuvieron a mi lado cuando necesité a alguien que me escuchara o cuando me frustré con el diagnóstico y el proceso.

Apóyate en tus amigos todo lo que puedas e involúcralos en todos los aspectos de tu programación y en la vida de tu hijo. Deja que otras personas cuiden de tu hijo con diagnóstico de autismo en la medida de lo posible, ya que los niños con necesidades especiales deben aprender a escuchar a otras personas y a desarrollar relaciones con otros adultos que no sean sus propios padres. Tú también necesitas un descanso, así que cuando alguien se ofrezca a cuidar de tu hijo durante unas horas, ¡acepta la oferta! Cuando sea factible, contrata también a una canguro habitual para que puedas tener descansos regulares y no tengas que depender de una oferta ocasional de canguro gratuito de familiares y amigos.

Aunque el autismo será una fuerza motriz en tu vida, es importante que hagas muchos viajes paralelos para pasar tiempo lejos del diagnóstico. El Dr. Coplan nos dijo a mi marido y a mí que pasáramos tiempo a solas, que pasáramos tiempo en pareja y que a veces mi marido y Spencer hicieran cosas juntos y a veces Lucas y yo pasáramos tiempo juntos. También sugirió que de vez en cuando dejáramos a Lucas en casa y que hiciéramos algo en pareja con Spencer, pues consideraba que necesitábamos disfrutar de la vida y experimentar cosas sin Lucas de vez en cuando.

El Dr. Coplan también nos dijo a mi marido y a mí que recibiéramos asesoramiento matrimonial el mismo día en que diagnosticó a Lucas. Cuando diagnosticaron a Lucas por primera vez, mi marido se quejó al Dr. Coplan de que cuando Lucas pedía leche en mitad de la noche, yo corría inmediatamente a traerle leche. Mi marido dijo que pensaba que el agua sería una bebida mejor en mitad de la noche. El Dr. Coplan dijo que si teníamos dificultades para ponernos de acuerdo sobre cuál debía ser la bebida nocturna de Lucas, nos esperaba una situación difícil cuando llegara el momento de tomar las grandes decisiones sobre el futuro de Lucas.

Mi marido y yo buscamos asesoramiento y descubrimos que era un lugar estupendo para elaborar nuestros sentimientos de dolor, así como para encontrar un terreno común en nuestras decisiones sobre el futuro de Lucas. Mientras que muchas parejas se separan o se divorcian a raíz del diagnóstico de autismo de su hijo, creo que nuestro matrimonio es más fuerte gracias a ello. Nos hemos visto obligados a ponernos de acuerdo y a tomar decisiones juntos para ayudar a Lucas a mejorar. Varias sesiones de asesoramiento nos llevaron al punto en el que estamos ahora y recomiendo encarecidamente el asesoramiento individual o de pareja a cualquiera que tenga problemas.

También hay grupos de apoyo que te ofrecen ayuda. Si hay uno en tu zona al que puedas asistir físicamente, hazlo. En línea, puedes visitar www.autism-society.org, o www.autismspeaks.org. He descubierto que el apoyo a través de Internet es inestimable. Aunque no siempre encuentres personas en tu comunidad que compartan tus frustraciones, casi siempre encontrarás en línea padres con ideas afines que "han pasado por eso".

Ya estoy buscando padres de niños mayores para que me guíen en la pubertad con Lucas. También es importante que te hagas amiga de los padres de niños de la edad de tu hijo para que puedas enviarles un correo electrónico o llamarles para pedirles apoyo cuando necesites charlar, desahogarte o hacer una pregunta que ellos puedan responder. Nunca estás sola en esto.

Recuerda que debes tomarte las cosas poco a poco, día a día. Esto no es un sprint. Es una maratón larga con muchas colinas y valles. Tienes que ir a tu ritmo, porque lo más probable es que tengas por delante años de terapia y eventos inesperados a medida que tu hijo envejezca. Trabajarás con tu hijo en el lenguaje y luego en las habilidades vocacionales y/o académicas, y después prepararás a tu hijo para que viva de forma independiente o quizás incluso para que vaya a la universidad. Recuerda en cada etapa que siempre hay motivos para la esperanza y que estás trabajando tan duro porque quieres que tu hijo tenga la mejor vida posible.

Mi propio viaje a través del autismo ha consistido en sacar lo mejor de la situación para mí, mi hijo y mi familia.

Irónicamente, antes de que le diagnosticaran a Lucas, estuve en una reunión del Club de Madres en la que la pregunta para romper el hielo era contar lo que habíamos hecho antes de que nacieran nuestros hijos y lo que pensábamos hacer en el futuro. Spencer sólo tenía un año en ese momento y Lucas tenía dos años y medio y aún no estaba diagnosticado de autismo. Cuando me tocó responder a la pregunta para romper el hielo, dije que había sido jefa de enfermería y que en el futuro me veía volviendo a estudiar y obteniendo un doctorado, y convirtiéndome en investigadora, escritora y experta en algún tema; aún por determinar. Aunque no tenía ni idea de que ese tema sería el autismo, me alegra decir que estoy cumpliendo esa predicción de hace más de siete años.

Así que, aunque mi vida ha cambiado drásticamente, he conseguido alcanzar mis propios objetivos, al tiempo que he ayudado a Lucas a alcanzar los suyos.

En el camino también he descubierto lo mucho que me gusta ayudar a todos los niños. Me encanta enseñar a los profesionales a prestar mejores servicios a nuestros niños y enseñar a los padres a cuidar mejor de sus hijos. Sobre todo, me encanta trabajar con los niños, que son todos tan únicos y me enseñan algo nuevo cada día. Ciertamente considero que el viaje de mi vida hasta ahora ha sido muy gratificante.

Eso no significa que haya terminado o que no queden retos frustrantes más adelante, tanto para mí como para Lucas, en la empinada y resbaladiza pendiente del autismo. Pero sé que mientras me mantenga centrada en mis objetivos para ayudar a mis dos hijos a ser lo mejor posible, encontraré el modo de llegar a la cima de esa montaña con mi familia intacta.

Hasta entonces, vivimos nuestra vida paso a paso, tomándonos tiempo para disfrutar del paisaje en el camino.

Empezar un programa de conducta verbal es tu primer paso. Es hora de dar ese paso y ver hasta dónde podéis llegar tú, tu hijo y tu familia.

APÉNDICE 1

Glosario de términos y abreviaturas

ABA Análisis aplicado de conducta. La ciencia de comprender y mejorar la conducta socialmente significativa.

ABC Antecedente (A), Conducta (B), Consecuencia (C). Describe la contingencia de tres términos de toda conducta (buscar, *Antecedente, Conducta,* y *Consecuencia,* en este glosario). Ejemplos: A, "Toca la nariz"; B, se toca la nariz; C, Recibe una galleta. A, "Haz el puzle"; B, Dice «¡NO!»; C, Se retira la actividad.

ABLLS Acrónimo de Evaluación de las Habilidades Básicas de Lenguaje y Aprendizaje escrito por los doctores James Partington y Mark Sundberg. Suele utilizarse en los programas ABA-VB como herramienta de evaluación, guía curricular y sistema de tracking de habilidades.

Análisis de tareas Desglose de una habilidad que implica múltiples pasos, utilizado para ayudar a identificar y enseñar los pasos problemáticos de una secuencia de acciones o cadena de conducta.

Antecedente Lo que ocurre inmediatamente antes de una conducta. Puede ser una indicación como "ponte en la fila" o puede ser el sonido de un despertador.

Ayuda Una pista para ayudar al alumno a dar la respuesta correcta. Una ayuda debe formar parte de la condición antecedente y añadirse antes de que el alumno tenga la oportunidad de responder. Siempre que añadas una ayuda, debes planificar cómo desvanecer esa ayuda para que el alumno pueda llegar a dar la respuesta de forma independiente.

BCBA®, BCaBA® Son certificaciones profesionales de analista de conducta emitidas por Behavior Analyst Certification Board (BACB). Un BCBA® es una persona que ha cumplido los requisitos para convertirse en analista de conducta certificado. Una persona con un BCBA® tiene al menos un máster, mientras que un analista de conducta certificado asociado (BCaBA®) tiene al menos un grado de *bachelor* o equivalente. Además de cumplir las normas mínimas de formación, el BCBA® y el BCaBA® deben realizar cursos específicos de ABA, ser supervisados por un BCBA en activo y aprobar un examen de certificación. La información sobre cómo convertirse en BCBA® o localizarlo está disponible en www.bacb.com. Además de el BCBA® y BCaBA®, existen las certificaciones Qualified Behavior Analyst® (QBA®), Qualified Autism Services Practitioner Supervisor® (QASP-S®), Board Certified Autism Professional® (BCAT®) e International Behavior Analyst™ (IBA™). Estas últimas, a diferencia de las emitidas por BACB están disponibles internacionalmente.

Conducta Movimiento de un organismo vivo que puede observarse.

Conducta verbal Cualquier comunicación en la que intervenga un oyente, incluyendo hablar, hacer señas, intercambiar imágenes, señalar, escribir, teclear, gesticular, etc. También incluye el llanto o la exhibición de otros problemas de conducta en un intento de obtener atención o elementos tangibles (p.ej., un juguete), o para escapar de actividades no deseadas.

Consecuencia Lo que ocurre inmediatamente después de una conducta y que aumenta o disminuye la posibilidad de que esa conducta se produzca en el futuro.

Corrección de errores Esta técnica se utiliza para corregir los errores que no se han evitado. Se vuelve a formular la pregunta o la dirección, se proporciona una ayuda y, a continuación, se utiliza un ensayo de transferencia para reducir o eliminar la ayuda.

Descripción de cómo es la conducta.

Ecoica Repetir lo que dice otra persona. Puede ser inmediato o retardado.

Ejemplos:

El desempeño visual incluye tareas de igualar, clasificar, habilidades de construcción de rompecabezas y diseño de bloques.

Emparejamiento Proceso de utilizar reforzadores elevados para condicionar a las personas, los materiales y los ambientes para que sean reforzantes. Queremos que el niño corra hacia el área de trabajo y hacia las personas antes de poner demandas.

Encadenamiento hacia atrás Método de instrucción utilizado para enseñar tareas completas, como construir puzles y cantar canciones. Cuando se utiliza esta técnica para enseñar a un niño a cantar una canción, primero se omite una palabra para que el niño la produzca, por ejemplo, "Brilla, brilla, pequeña...". Una vez que el niño pueda cantar "Estrella", puedes omitir dos palabras para que cante "Estrellita", y así sucesivamente.

Enseñanza de ensayos discretos (DTT) Contingencia de tres términos (A, B,C) utilizada para enseñar habilidades a niños con discapacidades. Cada ensayo separado se utiliza para enseñar una nueva habilidad.

Enseñanza de ensayos intensivos (ITT) Se refiere a la instrucción de la conducta verbal de ritmo rápido que suele hacerse en la mesa utilizando una enseñanza sin errores, desvaneciendo las demandas, mezclando y variando, procedimientos de ayuda y una RV establecida.

Enseñanza en un ambiente natural (NET) El interés actual del niño o una operación motivadora controlan la actividad de enseñanza. Los objetivos de la enseñanza se entrelazan con el juego y otras actividades divertidas.

Enseñanza sin errores Técnica utilizada en los programas de conducta verbal para evitar o reducir los errores. Se proporciona una ayuda inmediatamente después de que se dé la instrucción o se formule la pregunta y luego se desvanece esa ayuda mediante un ensayo de transferencia.

Habilidades de imitación Copiar los movimientos motores de otra persona.

Habilidades receptivas La capacidad de comprender el lenguaje y seguir instrucciones.

Identificado por B. F. Skinner como operante verbal.

Igualación a la muestra Capacidad de emparejar objetos o imágenes con objetos o imágenes idénticas o similares.

Intraverbal Rellenar espacios en blanco o responder a preguntas con qué, quién, cómo, cuándo, dónde o por qué. Responder a la conducta verbal de otra persona sin presencia de estímulos visuales o de otro tipo.

Líneabase Periodo de observación en el que se recogen datos antes de iniciar cualquier intervención.

Mandos Petición de un objeto, acción, atención o información.

Operación motivadora (OM) Básicamente se trata de la motivación o el deseo de alguien por algo, ya sea un objeto, una acción, recibir atención o que le digan cierta información. La OM habitualmente depende del grado de saciedad o privación de un reforzador.

Operante Conducta definida en términos de su antecedente y consecuencia.

PECS Acrónimo de sistema de comunicación mediante intercambio de imágenes desarrollado por el Dr. Andy Bondy y la Sra. Lori Frost. Con este sistema, se enseña a los niños a intercambiar imágenes de objetos para indicar sus deseos y necesidades.

Privación Un reforzador que no está disponible durante un periodo de tiempo determinado provocará un aumento de la conducta que había obtenido esos objetos en el pasado. Podemos aprovechar los estados naturales de privación emitiendo mandos antes de la comida, cuando es más probable que el niño tenga más hambre.

Razón variable (RV) Programa de reforzamiento intermitente en el que el número de respuestas necesarias para acceder a un reforzador varía al azar se ensayo a ensayo en torno a una media conocida.

Reforzador condicionado Reforzador que antes era neutro, pero que ahora se ha convertido en un reforzador. Las fichas o el dinero son buenos ejemplos de reforzadores condicionados, ya que pueden utilizarse para pagar objetos.

Reforzador comestible Elementos alimenticios que pueden utilizarse durante la programación ABA-VB. El instructor debe emparejar siempre los alimentos con elogios y otros reforzadores más naturales para que los comestibles acaben desvaneciéndose.

Reforzamiento Consecuencia que sigue a una conducta y que aumenta la probabilidad de que ésta aumente en el futuro. Puede ser positivo o negativo.

Saciedad Lo contrario de la privación. Un reforzador pierde su valor porque el niño se ha saciado de él.

Skinner, B. F. Fue el fundador del análisis experimental de la conducta. También es el autor del libro *Conducta verbal* (1957/2022).

Sondeo en frío Datos recogidos antes de que se imparta cualquier tipo de enseñanza al comienzo del día para ver si el niño puede responder después de varias horas sin haber recibido enseñanza. Los sondeos en frío suelen hacerse a primera hora de la mañana o al comienzo de la primera sesión de enseñanza.

Tacto Etiquetar o nombrar un estímulo no verbal, como un objeto, una imagen, una cualidad, un lugar, un olor, un sabor, un solido o una sensación.

APÉNDICE 2

Formulario de evaluación de la conducta verbal

Fecha de cumplimentación __/__/__ Persona que cumplimenta ________

Nombre del niño ____________ Edad ___ Fecha de nacimiento __/__/___

Nombre de los padres/tutores ______________________________

Nombre de los hermanos y edades ___________________________

Teléfono ______________ Teléfono alternativo ________________

Dirección ____

Dirección de correo electrónico______________________________

Información médica

Diagnóstico __________________ Edad de diagnóstico __________

¿Actualmente tu hijo va a la escuela y/o recibe alguna terapia o servicio especial? Sí ☐ No ☐

En caso afirmativo, indica el nombre de la escuela o del proveedor, la frecuencia y la ubicación de los servicios:

Medicación actual:

Alergias:

Dieta especial/restricciones:

Describe los patrones de alimentación y bebida. Indica si el niño puede alimentarse por sí mismo, qué textura/tipos de alimentos come. Indica también si utiliza biberón o tazas para sorber:

Describe las pautas de sueño:

Describe los problemas de aseo:

Información sobre el lenguaje

¿Su hijo utiliza alguna palabra? Sí ☐ No ☐

Si la respuesta es afirmativa, describe la cantidad de palabras y da ejemplos de lo que dice:

En caso negativo, ¿balbucea tu hijo? Sí ☐ No ☐

Si la respuesta es afirmativa, enumera los sonidos que ha escuchado:

Evaluación de mandos

¿Puede tu hijo pedir lo que quiere con palabras? ¿Galleta, zumo, pelota, empújame? Sí ☐ No ☐

Si la respuesta es afirmativa, enumera los objetos/actividades que pide tu hijo con palabras:

Si la respuesta es negativa, ¿cómo te hace saber tu hijo/a lo que quiere? Rodea con un círculo tu respuesta.

Gestos/señalar/tirar a un adulto Imágenes en lenguaje de signos Llorar/ agarrar

Evaluación del tacto

¿Puede tu hijo etiquetar cosas en un libro o en tarjetas? Si es así, calcula el número de cosas que tu hijo puede etiquetar y pon hasta 20 ejemplos:

Evaluación ecoica

¿Puede tu hijo imitar las palabras que dices? Por ejemplo, si dices «di pelota», ¿dirá «pelota»? ¿Imitará frases? y si dices «te quiero» ¿repetirá «te quiero»? Sí ☐ No ☐

¿Dice tu hijo/a cosas que ha memorizado de películas o cosas que te ha oído decir en el pasado? Sí ☐ No ☐

En caso afirmativo, descríbelo:

Evaluación intraverbal

¿Puede tu hijo completar los espacios en blanco de las canciones? Por ejemplo, si cantas «Estrellita dónde estás ________, " ¿dirá tu hijo "estrella"? y si cantas "I, A, I, A, ________" ¿completará tu hijo "O"? Sí ☐ No ☐

Enumera las canciones con las que tu hijo completa palabras o frases:

¿Rellenará tu hijo los espacios en blanco con frases divertidas y/o funcionales, como rellenar «Pooh" cuando oiga "Winnie the ________"?; y ¿responderá "cama" cuando oiga "Duermes en un ________"? Sí ☐ No ☐

¿Responde tu hijo a preguntas con qué, quién, cómo, cuándo, dónde o por qué? Por ejemplo, si dices «¿Qué vuela en el cielo?», ¿responderá tu hijo «pájaro» o «avión»? y ¿nombrará al menos tres animales o colores si se lo pides? Sí ☐ No ☐

Evaluación receptiva

¿Responde tu hijo a su nombre cuando lo llamas? Rodea con un círculo tu respuesta.

Casi siempre   Normalmente   A veces   Casi nunca

Si le dices a tu hijo que coja sus zapatos o su taza, ¿sigue tus ayudas sin hacer gestos? Encierra en un círculo tu respuesta.

Casi siempre   Normalmente   A veces   Casi nunca

Si le dices a tu hijo que aplauda o se levante, ¿lo hace sin gestos?

Casi siempre   Normalmente   A veces   Casi nunca

¿Toca tu hijo las partes de su cuerpo si le dices «Toca la nariz» o «Toca la cabeza»?   Sí ☐   No ☐

Si la respuesta es afirmativa, enumera las partes del cuerpo que tocará sin ningún gesto tuyo:

Evaluación de la imitación

¿Copiará tu hijo tus acciones con los juguetes si le dices «haz esto»? Por ejemplo, si coges un coche y lo haces rodar de un lado a otro y le dices a tu hijo «haz esto», ¿te copiará tu hijo?   Sí ☐   No ☐

¿Copiará tu hijo movimientos motrices, como dar palmas o pisar fuerte, si tú lo haces y le dices «Haz esto»?   Sí ☐   No ☐

¿Moverá tu hijo sus dedos (movimientos de motricidad fina) como sacar el dedo índice o el pulgar hacia arriba si tú haces el movimiento y dices «Haz esto»?   Sí ☐   No ☐

Evaluación de la habilidad visual

¿Su hijo emparejará objetos idénticos con objetos, imágenes con imágenes e imágenes con objetos si le dice que «empareje»?

Sí ☐   No ☐   No estoy seguro ☐

¿Su hijo completará rompecabezas apropiados para su edad?

Sí ☐   No ☐   No estoy seguro ☐

Evaluación de la conducta

¿Es tu hijo capaz actualmente de sentarse en una mesa o en el suelo y realizar tareas sencillas con un adulto?

Sí ☐ No ☐ No estoy seguro ☐

Enumera los problemas de conducta (llorar, pegar, morder, caerse al suelo, hacer ruidos fuertes, golpearse la cabeza) que muestra tu hijo y que te preocupan. Por favor, calcula el número de veces que se producen estas conductas (p.ej., 100 veces al día, diez veces a la semana, una vez al día), así como algunos ejemplos de cuándo se produce la conducta. Describe también qué estrategias has probado para controlar estas conductas y si estas estrategias han tenido éxito o no:

Enumera a continuación cualquier comentario o preocupación adicional:

APENDIENTE 3

Ejemplos del lenguaje de signos

Los signos a continuación son de uso habitual en lengua inglesa, los conservamos aquí a modo de referencia. En el siguiente apéndice aportamos signos de uso habitual en español.

MANZANA

Girar el índice contra la comisura de la boca.

CARAMELO

Dedo índice en la mejilla y giro de mano.

GALLETA

Las yemas de los dedos de la mano derecha tocan la palma izquierda y giran.

APERITIVO

El puño golpea el brazo cerca del codo.

BEBER

Mano en forma de C en la barbilla con gesto de beber.

PEZ

Palma izquierda plana ondulando como un pez.

LECHE

Mano en C en gesto repetitivo de ordeñar (puede hacerse a dos manos)

PALOMITAS

Los índices apuntan hacia arriba y se elevan alternativamente.

PATATAS

Dos dedos doblados golpean sobre el dorso de la mano.

PELOTA

Ambas manos se unen formando una esfera.

LIBRO

Las manos juntas se abren y cierran lateralmente.

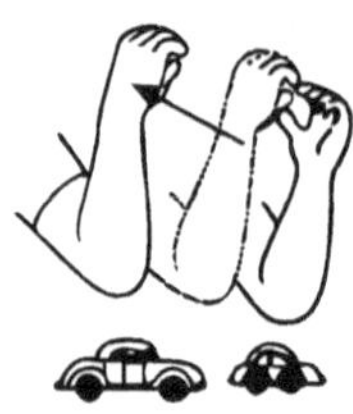

COCHE

Ambas manos en C con la mano derecha detrás en movimiento retráctil.

SALTAR

Dedos saltando sobre la palma.

PELÍCULA

Palma derecha apoya sobre mano izquierda hace movimientos laterales.

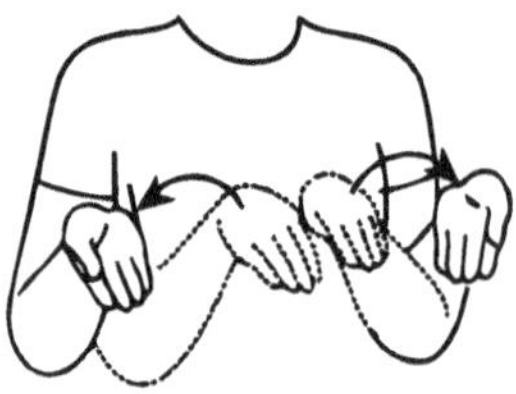

ABRIR

Movimiento simétrico pasando manos de palma arriba a dorso arriba.

EMPUJAR

Gesto de empujar de ambas manos.

PUZLE

Índice apuntando, pasa a índice flexionado con dorso sobre frente.

COLUMPIO

Índice y corazón derechos se apoyan flexionados sobre índice y corazón izquierdos rectos, siguiendo un movimiento de balanceo con ambas manos.

BAÑO

Puño alzado se agita lateralmente.

AGUA

Dedos centrales en forma de W con el índice tocando la barbilla.

APENDIENTE 4

Signos en español

Selección de signos de uso común en español según Torres Monreal y Sánchez Rodríguez (2002), reproducidos con permiso.

Abrir

Ir al baño

Beber

Caramelo

Ir al baño

Beber

Comer algo

Empujar

Galleta

Leche
Libro
Pan
Patata
1
2
Pelota
Pez

APÉNDICE 5

Hoja de seguimiento de habilidades

Ejemplo de hoja de seguimiento de habilidades

Nombre del niño: Juanito

Criterio: 3 días consecutivos con adquisición en sondeos en frío

Indicar con una "D" (dominado) las habilidades que ya estén adquiridas. Para las habilidades no adquiridas, indicar en una columna la fecha de introducción y en otra la fecha de adquisición.

Habilidad: Seguimiento receptivo de instrucciones

	Objetivo	Fecha de introducción	Fecha de adquisición
1	Dar palmas	D	D
2	Brazos arriba	5 de junio	10 de junio
3	No con la cabeza	5 de junio	24 de junio
4	Si con la cabeza	5 de junio	24 de junio
5	Levantarse	24 de junio	
6	Sentarse	24 de junio	
7	Golpear la mesa	30 de junio	
8			
9			
10			
11			
12			
13			
14			
15			
16			
17			

Nombre del niño: ______________________________

Criterio: 3 días consecutivos con adquisición en sondeos en frío

Indicar con una "D" (dominado) las habilidades que ya estén adquiridas. Para las habilidades no adquiridas, indicar en una columna la fecha de introducción y en otra la fecha de adquisición.

Habilidad: ______________________________

	Objetivo	**Fecha de introducción**	**Fecha de adquisición**
1			
2			
3			
4			
5			
6			
7			
8			
9			
10			
11			
12			
13			
14			
15			
16			
17			
18			
19			
20			

APÉNDICE 6

Hojas de sondeo semanal

Ejemplo de hoja de sondeo semanal

Selecciona dos o tres objetivos de cada hoja de seguimiento de habilidades. Cuando introduzcas la habilidad, anota la fecha de introducción y adquisición en la hoja de seguimiento de habilidades.

Nombre del niño: ______________ **Inicio de la semana:** ________________

	Op.	**Objetivo**	**L**		**M**		**X**		**J**		**V**	
1	Rec.	Dar palmas	S	N	S	N	S	N	S	N	S	N
2	Rec.	Zapatear	S	N	S	N	S	N	S	N	S	N
3	Rec.	Levantarse	S	N	S	N	S	N	S	N	S	N
4	Rec.	Toca la cabeza	S	N	S	N	S	N	S	N	S	N
5	Rec.	¿Dónde está la barriga?	S	N	S	N	S	N	S	N	S	N
6	Rec.	Toca el zapato	S	N	S	N	S	N	S	N	S	N
7	Rec.	Encuentra la taza	S	N	S	N	S	N	S	N	S	N
8	Rec.	¿Dónde está el coche?	S	N	S	N	S	N	S	N	S	N
9	Im	Haz esto (tacar cabeza)	S	N	S	N	S	N	S	N	S	N
10	Im	Haz esto (dar palmas)	S	N	S	N	S	N	S	N	S	N
11	IM	Iguala caramelo (fotos)	S	N	S	N	S	N	S	N	S	N
12	IM	Iguala pez (fotos)	S	N	S	N	S	N	S	N	S	N
13	Tt	¿Qué es? (galleta)	S	N	S	N	S	N	S	N	S	N
14	Tt	¿Qué es? (columpio)	S	N	S	N	S	N	S	N	S	N
15	Eco	Di "pompa"	S	N	S	N	S	N	S	N	S	N
16	Eco	Di "zumo"	S	N	S	N	S	N	S	N	S	N

17	Eco	Di "zumo"	S	N	S	N	S	N	S	N	S	N
18	Eco	Di "zumo"	S	N	S	N	S	N	S	N	S	N
19			S	N	S	N	S	N	S	N	S	N
20			S	N	S	N	S	N	S	N	S	N
21			S	N	S	N	S	N	S	N	S	N
22			S	N	S	N	S	N	S	N	S	N
23			S	N	S	N	S	N	S	N	S	N
24			S	N	S	N	S	N	S	N	S	N
25			S	N	S	N	S	N	S	N	S	N

Notas

Rec. = Receptivo Im = Imitación IM = Igualación a la muestra

Tt = Tacto Eco = Ecoica IV = Intraverbal

Ejemplo de hoja de sondeo semanal

Selecciona dos o tres objetivos de cada hoja de seguimiento de habilidades. Cuando introduzcas la habilidad, anota la fecha de introducción y adquisición en la hoja de seguimiento de habilidades.

Nombre del niño: _______________ **Inicio de la semana:** _________________

	Op.	Objetivo	L		M		X		J		V	
1			S	N	S	N	S	N	S	N	S	N
2			S	N	S	N	S	N	S	N	S	N
3			S	N	S	N	S	N	S	N	S	N
4			S	N	S	N	S	N	S	N	S	N
5			S	N	S	N	S	N	S	N	S	N
6			S	N	S	N	S	N	S	N	S	N
7			S	N	S	N	S	N	S	N	S	N
8			S	N	S	N	S	N	S	N	S	N
9			S	N	S	N	S	N	S	N	S	N
10			S	N	S	N	S	N	S	N	S	N
11			S	N	S	N	S	N	S	N	S	N
12			S	N	S	N	S	N	S	N	S	N
13			S	N	S	N	S	N	S	N	S	N
14			S	N	S	N	S	N	S	N	S	N
15			S	N	S	N	S	N	S	N	S	N
16			S	N	S	N	S	N	S	N	S	N
17			S	N	S	N	S	N	S	N	S	N
18			S	N	S	N	S	N	S	N	S	N
19			S	N	S	N	S	N	S	N	S	N
20			S	N	S	N	S	N	S	N	S	N
21			S	N	S	N	S	N	S	N	S	N
22			S	N	S	N	S	N	S	N	S	N
23			S	N	S	N	S	N	S	N	S	N
24			S	N	S	N	S	N	S	N	S	N
25			S	N	S	N	S	N	S	N	S	N

Notas

Rec. = Receptivo Im = Imitación IM = Igualación a la muestra
Tt = Tacto Eco = Ecoica IV = Intraverbal

APÉNDICE 7

Sitios web útiles

aba-elearning.com: En la sección de recursos encontrarás estrategias de evaluación de problemas de conducta o de reforzadores gratuitas. Dispone de una amplia colección de publicaciones ABA en español.

marybarbera.com: Página web de Mary Barbera, que contiene información actualizada sobre el enfoque de la conducta verbal.

firstsigns.org: Ofrece una lista de hitos que deberían cumplir los niños de desarrollo típico, en un esfuerzo por ayudar al diagnóstico precoz del autismo.

difflearn.com: Un recurso para comprar materiales que ayuden a tu programa ABA o de conducta verbal, como temporizadores, tarjetas y libros.

superduperinc.com: Un recurso para comprar una amplia variedad de materiales educativos tanto para niños típicos como para niños con autismo, incluyendo premios del sistema de recompensa.

lifeprint.com: Ofrece ayuda para enseñar el lenguaje de signos.

northernspeechservices.com: Ofrece información sobre talleres (en línea y en conferencias) sobre diversos temas de la enseñanza del lenguaje.

talktools.net: Ofrece información y productos para ejercitar los músculos orofaciales.

google.com: Buscador útil para encontrar fotos para descargar que permitan ayudar a tus programaciones de conducta verbal.

wrightslaw.com: Ofrece información sobre la ley de educación especial, la ley de educación y la defensa de los niños con discapacidad.

autismsociety.org: Recurso de información y apoyo sobre el autismo. Sitio de la Sociedad Americana de Autismo.

autismspeaks.org: Ofrece apoyo a las familias con autismo, además de recaudar fondos para la investigación.

bacb.com: Sitio web de Behavior Analyst Certification Board con información sobre los analistas de conducta con la certificación BCBA y cómo encontrarlos (sección *Find a certificant*).

APÉNDICE 7

Referencias y lecturas recomendadas

Azrin, N. y Foxx, R. (1974). *Toilet Training in Less Than a Day*. Research Press.

Barbera, M. L. y Kubina, R. M. (2005). Using transfer procedures to teach tacts to a child with açutism. *The Analysis of Verbal Behavior, 21,* 155–161.

Bondy, A., Dickey, K. Black, D. y Buswell, S. (2002). *The Pyramid Approach to Education: Lesson Plans for Young Children*. Pyramid Education Products.

Bondy, A. y Frost, L. (1994). *The Picture Exchange Communication System*. Pyramid Educational Products.

Buchanan, S. M. y Weiss, M. J. (2006). *Applied Behavior Analysis and Autism: An Introduction*. COSAC.

Caffrey, T. (2004) *Video Presentation—Teaching Verbal Behavior in the Classroom*. PA Verbal Behavior Project, Octobre de 2004.

Carbone, V. (2004) *Practical Applications of Verbal Behavior Research*. Autism Society of Berks County, Fifth Annual Conference.

Carbone, V. (2004). *The Verbal Behavior Approach to Teaching Children with Autism*. [CD educativo]. Collaborative Training Solutions.

Carbone, V. (2004). *Conferencia: Clinical Applications of Verbal Behavior Research with Children with Autism*. Presentada en la *30 Annual Convention of the Association of Behavior Analysts.*

Carr, J. E. y Firth, A. M. (2005). The Verbal Behavior approach to early and intensive behavioral intervention for autism: A Call for Additional Empirical Support. *Journal of Early and Intensive Behavioral Intervention, 2*(1), 18–26.

Carr, E. G. y Kologinsky, E. (1983). Acquisition of Sign Language by Autistic Children Using a Time Delay Procedure. *Journal of Applied Behavioral Analysis, 16*, 297–314.

Cautilli, J. (2006). Validation of the Verbal Behavior Package: Old Wine New Bottle—A reply to Carr and Firth (2005). *Journal of Speech and Language Pathology—Applied Behavior Analysis, 1*(1), 81–90.

Charlop, M. H., Schreibman, L. y Thibodeau, M. G. (1985). Increasing Spontaneous Verbal Responding in Autistic Children Using a Time Delay Procedure. *Journal of Applied Behavioral Analysis, 18*, 155–166.

Cooper, J. O., Heron, T. E. y Heward, W. L. (2020). *Análisis aplicado de conducta, tercera edición en español.* ABA España

Drash, P. W., High, R. L. y Tudor, R. M. (1999). Using Mand Training to Establish an Echoic Repertoire in Young Children with Autism. *The Analysis of Verbal Behavior, 16*, 29–44.

Drash, P. W. y Tudor, R. M. (2004). An Analysis of Autism as a Contingency-shaped Disorder of Verbal Behavior. *The Analysis of Verbal Behavior, 20*, 5–24.

Drash, P. W. y Tudor, R. M. (2006). How to prevent autism by teaching at-risk infants and toddlers to talk. *Presentado en el Congreso Anual de la Asociación de Florida de Análisis de Conducta (FABA).* https://pt.slideshare.net/dickmalott/how-to-prevent-autism-by-teaching-at-risk-infants-and-toddlers-to-talk?smtNoRedir=1

Dunlap, G., Koegel, R. y Koegel, L. (1984). *Toilet training for children with severe handicaps.* Autism Training Center. https://www.marshall.edu/atc/files/Toilet-Training-for-Children-with-Severe-Handicaps.pdf

Eikeseth, S. (2001). Recent criticisms of the UCLA Young Autism Project. *Behavioral Interventions, 16*, 249–264.

Engleman, S. y Carnine, D.W. (1982). *Theory of Instruction: Principles and Applications.* Adi Pr.

Exkorn, K. S. (2005). *The Autism Sourcebook: Everything You Need to Know about Diagnosis, Treatment, Coping, and Healing.* ReganBooks.

Foxx, R. y Azrin, N. (1973) *Toilet Training Persons with Developmental Disabilities.* Research Press. (edición en español de Diana bajo el título *Mami, voy al baño*)

Gustason, G. y Zawolkow, E. (1993). *Signing Exact English.* Modern Signs Press, Inc.

Hall, G. A., y Sundberg, M. L. (1987). Teaching mands by manipulating conditioned establishing operations. *The Analysis of Verbal Behavior, 5*, 41–53.

Harris, S. L. y Weiss, M. J. (1998). *Right from the Start: Behavioral Intervention for Young Children with Autism: A Guide for Parents and Professionals.* Woodbine House, Inc.

Howard, J. S., Sparkman, C. R., Cohen, H. G., Green, G. y Stanislaw, H. (2005). A comparison of Intensive behavior analytic and eclectic treatments for young children with autism. *Research in Developmental Disabilities, 26*, 359–383.

Iwata, B. A., Dorsey, M. F., Slifer, K. J., Bauman, K. E., y Richman, G. S. (1994). Toward a functional analysis of self injury. *Journal of Applied Behavior Analysis, 27*, 197–209. (Publicado originalmente en *Analysis and Intervention in Developmental Disabilities, 2*, 3–20, 1982)

Jacobson, J. W., Mulick, J. A. y Green, G. (1998). Cost-benefit estimates for early intensive behavioral intervention for young children with autism. *Behavioral Interventions, 13*, 201–226.

Kates-McElrath, K. y Axelrod, S. (2006). Behavioral Intervention for Autism: A Distinction Between Two Behavior Analytic Approaches. *The Behavior Analyst Today, 7*(2), 242–252.

Kibbe, H. y Twigg, C. (2001). *Teaching Verbal Behavior: Hands On Training for Tutors and Therapists,* Workshop #4. Presentation: New Jersey.

Koegel, L.K. y LaZebnik, C. (2004). *Overcoming Autism.* Nueva York: Penguin Group.

Latham, G. (1990). *The Power of Positive Parenting.* North Logan, Utah: PandT Ink.

Lovaas, O. I. (1987). Behavioral Treatment and Normal Educational and Intellectual Functioning in Young Autistic Children. *Journal of Consulting and Clinical Psychology, 55,* 3–9.

Lovaas, O. I. (2003). *Teaching Individuals with Developmental Delays.* Pro-Ed.

Lowenkron, B. (2004). Meaning: A verbal behavior account. *The Analysis of Verbal Behavior, 20,* 77–97.

Manolson, A. (2007). *Hablando nos entendemos los dos.* Hanen Centre. (Original de 1992)

Maurice, C. (1993). *Let Me Hear Your Voice: A Family's Triumph Over Autism.* Knopf.

Maurice, C., Green, G. y Luce, S.C. (1996). *Behavioral Intervention for Young Children with Autism: A Manual for Parents and Professionals.* Pro-Ed.

Mayerson, G. (2004). *How to Compromise with Your School District without Compromising Your Child: A Field Guide for Getting Effective Services for Children with Special Needs.* DRL Books.

McEachin, J. J., Smith, T. y Lovaas, O.I. (1993). Long-term outcome for children with autism who received early intensive behavioral treatment. *American Journal of Mental Retardation, 97,* 359–372.

Michael, J. (1985). Two kinds of verbal behavior plus a possible third. *The Analysis of Verbal Behavior, 3,* 1–4.

Michael, J. (1988). Establishing operations and the mand. *The Analysis of Verbal Behavior, 6,* 3–9.

Miguel, C. F., Carr, J. E. y Michael, J. (2002). The effects of a stimulus-stimulus pairing procedure on the vocal behavior of children diagnosed with autism. *The Analysis of Verbal Behavior, 18,* 3–13.

Miltenberger, R. G., (2020). *Modificación de conducta: principios y procedimientos* (6ª ed.) (Virués-Ortega, Trad. & Eds.). ABA España.

Mirenda, P. (2002). Toward functional augmentative and alternative communication for students with autism: Manual signs, graphic symbols, and voice output communication aids. *Language, Speech, and Hearing Services in Schools, 34,* 203–216.

Partington, J. W. y Sundberg, M. L. (1998). *The Assessment of Basic Language and Learning Skills.* Behavior Analysts, Inc.

Partington, J.W. y Sundberg, M.L. (1998). *The Assessment of Basic Language and Learning Skills: Scoring instructions and IEP Development Guide.* Behavior Analysts, Inc.

Pennsylvania Verbal Behavior Project (2006) *Family Handbook.* https://ttaconline.org/Document/zxbIhX_YCJP-jK9gFuNlfGEk6g8eP4f_/VB-FamHandbk.pdf

Potter, B., y Brown, D. (1997). A review of studies examining the nature of selection-based and topography-based verbal behavior. *The Analysis of Verbal Behavior, 14*, 85–103.

Shafer, E. (1994). A review of interventions to teach a mand repertoire. *The Analysis of Verbal Behavior, 12*, 53–66.

Skinner, B. F. (2022). *Ciencia y conducta humana.* ABA España. (Original publicado en 1953).

Skinner, B. F. (2022). *Conducta verbal.* ABA España (Original publicado en 1957).

Sundberg, M. L., (2021). *VB-MAPP: Evaluación y programa de ubicación curricular de los hitos de la conducta verbal: Guía y protocolo* (Aida Tarifa Rodríguez y J. Virués-Ortega, Trad. & Eds.). ABA España.

Sundberg, M. y Michael, J. (2001). The benefits of Skinner's analysis of verbal behavior for children with autism. *Behavior Modification, 25*, 698–724.

Sundberg, M. L., Michael, J., Partington, J. W. y Sundberg, C. A. (1996). The role of automatic reinforcement in early language acquisition. *The Analysis of Verbal Behavior, 13*, 21–37.

Sundberg, M. L. y Partington, J. W. (1998). *Teaching Language to Children with Autism or Other Developmental Disabilities.* Behavior Analysts, Inc.

Sundberg, M. y Partington, J. (2001). *Behavior Analysts Quick Tips. Behavior Teaching Strategies.* Behavior Analysts, Inc.

Torres Monreal, S., y Sánchez Rodríguez, J. (2002). *Bimodal 2022.* [Recurso digital]. Junta de Andalucía. https://www.juntadeandalucia.es/educacion/portalaverroes/contenidosdigitales/contenido/ndoiand-20070926-0001-bimodal-2000

Vail, T., Freeman, D. y Peters, C. (2002). *Mariposa School Employee Training Manual.* https://www.mcusd.org/District/Department/4-human-resources/Portal/employee-training

Van Diepen, M. A., y Van Diepen, B. M. G., (2021). *ABA en imágenes: Una guía visual para padres y maestros* (Virués-Ortega, Trad.). Studie van Diepen, LLC.

Van Pelt, K. (1988). *Potty Training Your Baby.* Avery Pulishing Group, Inc.

Watson, T.S. y Steege, M.W. (2003). *Conducting School-Based Functional Behavioral Assessments: A Practitioners Guide.* Guilford.

Weiss, M. J. y Delmolino, L. (2006). The relationship between early learning rates and treatment outcome for children with autism receiving intensive home-based applied behavior analysis. *The Behavior Analyst Today, 7*, 96–110.

Wheeler, M. (1998). *Toilet Training for Individuals with Autism and Related Disabilities.* Future Horizons.

Williams, G. y Greer, R. D. (1993). A comparison of verbal-behavior and linguistic-communication curricula for training developmentally delayed adolescents to acquire and maintain vocal speech. *Behaviorology, 1*, 31–46.

Wiseman, N. D. (2006). *Could it be Autism? A Parent's Guide to the First Signs and Next Steps*. Broadway Books.

Woolery, M., Ault, M.J. y Doyle, P. M. (1992). *Teaching Students with Moderate to Severe Disabilities*. Longman.

Índice analítico y onomástico

D

E

F

G

H

I

www.ingramcontent.com/pod-product-compliance
Lightning Source LLC
LaVergne TN
LVHW020018170826
845678LV00001B/32